GESTIÓN
MAGISTERIO

Correa de Molina, Cecilia.
Aprender y enseñar en el siglo XXI / Cecilia Correa de Molina. -- Bogotá : Cooperativa
Editorial Magisterio, 3ra. ed. 2017.
186 p. ; 24 cm.— (Colección Gestión)
Incluye bibliografía.
1. Pedagogía - Siglo XXI 2. Aprendizaje 3. Formación profesional de maestros - Siglo XXI
I. Tít. II. Serie
370 cd 19 ed.
AGS6389
CEP-Biblioteca Luis-Angel Arango

Aprender y enseñar en el siglo XXI

Cecilia Correa de Molina

Colección GESTIÓN

APRENDER Y ENSEÑAR EN EL SIGLO XXI

Autora
©   *Cecilia Correa De Molina*

Libro ISBN: 978-958-20-0475-4

Primera edición: 1999.
Sedunda edición: 2001.
Tercera edición: 2007.

©   *COOPERATIVA EDITORIAL MAGISTERIO*
Diag. 36 Bis # 20 - 70 Park Way - La Soledad
Celular: (+57) 312 4354489
Bogotá, D.C. Colombia
www.magisterio.com.co
info@magisterio.com.co

Dirección General
ALFREDO AYARZA BASTIDAS

Contenido

Introducción

Capítulo primero
    Puntualizando algunos escenarios del
    tercer milenio. 11

Capítulo segundo
    Formación o deformación en el ejercicio
    profesional 19

Capítulo tercero
    Formación permanente del docente:
    preocupación o
    responsabilidad individual y estatal 29

Capítulo cuarto
    Identidad del maestro desde la articulación
    de lo intrínseco con lo extrínseco.. 41

Capítulo quinto
    Hacia dónde debe enfocarse una propuesta
    de formación de educadores para responder a esce-
narios del siglo XXI 53

Capítulo sexto
    Percepción humana del docente 65

Capítulo séptimo
El poder de la palabra en la construcción del otro 71
Capítulo octavo
Estilos de aprendizaje en las sociedades del conocimiento. . . . 77
Capítulo noveno
Docencia, globalización y estrategias pedagógicas globales. . . 85
Capítulo décimo
Convergencias entre los escenarios pedagógicos, estilos de
aprendizajes y maestros. 97
Capítulo décimo primero
Revolución informativa, revolución de valores y los estilos de
aprendizaje. 107
Capítulo décimo segundo
El aprendizaje formal y los valores, ejes transversales en la
sociedad del conocimiento. 115
Capítulo décimo tercero
El escenario del empoderamiento, utopía y posibilidades
en el contexto educativo. 116
Capítulo décimo cuarto
Paradigma de la reinvención crítica. 139
Capítulo décimo quinto
La institución educativa y el escenario del
consumismo cultural de la juventud.. 153
Capítulo décimo sexto
Escenario de las relaciones afectivas-ecológicas.
El saber y quehacer desde la perspectiva pedagógica. 159
Capítulo décimo séptimo
Escenario pedagógico de la prevención y el respeto
hacia sí mismo 165
Reflexiones finales. 170
Bibliografía 177
Biografía. 185

Introducción

En los últimos años, el debate sobre la calidad de la educación ha cobrado un notable interés. El principal motivo de este debate, reside en las consecuencias divergentes que parecen resultar de la situación planteada.

Es necesario reconocer que para muchos teóricos, profesionales de la educación y la población en general, resulta evidente la preocupación frente al conflicto, el cual ha tomado proporciones insospechadas.

Aunque la génesis del problema se presenta de manera multicausal, se plantea que una de las causalidades más notorias, está en el "limbo conceptual, epistemológico y jurídico de la educación, frente a la dinámica de la realidad y lo que demandan los escenarios de desarrollo" y una concepción y práctica de la globalización más humanizada

Por lo tanto, el propósito de este trabajo, se centra en el análisis de algunos aspectos conceptuales y posiblemente epistemológicos, relacionados con el vacío identificado, reconociendo en el transcurso de la obra, el carácter transformador y creador de la actividad pedagógica, lo cual obliga a repensar que es absolutamente necesario en las sociedades modernas el establecimiento de las condiciones sociales, materiales y pedagógicas, para poder coherenciar la teoría con una práctica educativa de calidad. Sólo tenemos que retomar a Gimeno Sacristán (1995 pág. 14), cuando plantea que la práctica —la buena y correcta práctica— no se puede deducir directamente de conocimientos científicos, descontextualizada de las acciones en contextos reales.

En primer lugar, porque la realidad educativa en la que los docentes están llamados a trabajar no la ha creado la ciencia, como ocurre con muchas de las tecnologías modernas.

Si creyésemos que los profesores pueden realizar una enseñanza "adecuada" a partir del conocimiento científico, habría que explicarles por qué siempre se encuentran con una realidad que no se lo permite a los que lo intentan. La profesionalidad del docente antes que deducirse sencillamente de la ciencia, tiene que asentarse sobre el buen juicio ilustrado por el saber y apoyarse en un sentido crítico y ético que sea capaz de apreciar qué conviene hacer, qué es posible y cómo hacerlo, dentro de unas determinadas circunstancias.

La realidad en la que interactúa la institución educativa, no es pasiva, en relación con el proceso del conocimiento, esto aclara el por qué en la literatura de los paradigmas modernos, se observa con mucha frecuencia, el uso de la categoría "sociedades del conocimiento", "empresas de aprendizaje continuo", tal como lo concebimos en el presente libro. De igual forma, cobra vital importancia, en las reflexiones que propiciamos, la clarificación conceptual y epistemológica de la categoría "actividad pedagógica", entendida ésta como la concepción de hombre y mujer que se desea formar en esa actividad. ¿Se debe considerar como un sujeto o un objeto de esa actividad? En el transcurso de la obra, concebimos la relación en la perspectiva netamente humana, bidireccional, multidireccional y dialógica, en donde el educador y educando son sujetos de la actividad, con potencialidades, iniciativas, intereses, motivaciones y proyectos de vida específicos. Es necesario reconocer que la actividad pedagógica, por su naturaleza, es compleja, recordemos, que ella en su esencia, busca la transformación paulatina de la personalidad del educando, para poder lograr con un trabajo constante y sistemático, una personalidad armónicamente desarrollada en función de la imagen del hombre y la mujer que necesita la sociedad para continuar el desarrollo logrado por la humanidad. García Lisado y otros (1996 - pág. 9).

Algunas reflexiones sobre el problema de la calidad de la educación fueron desarrolladas por la autora, en su obra *Administración estratégica y calidad integral en las instituciones educativas*. Por ello, y en coherencia con ese análisis, presentamos a consideración de los educadores y lectores en general, este libro, el cual se estructura de la siguiente manera:

En el capítulo primero, se presenta una visión general, de los escenarios de desarrollo, en estrecha interacción con las responsabilidades históricas de la educación, poniendo presente las condiciones materiales, inmateriales en que se desarrolla la actividad educativa. La finalidad del capítulo, es colocar de cara a la educación, con la complejidad y rapidez de los cambios del contexto universal.

Los capítulos segundo, tercero, cuarto, quinto y sexto, están dedicados al análisis de la actividad pedagógica del docente, considerando en ella, sus peculiaridades, complejidad y carácter dinámico, como también, las situaciones concretas en que la misma se realiza, de igual manera, aquellas condiciones que tienen que ver con la subjetividad tanto del docente como del estudiante. Por la naturaleza de esta actividad y, no es la intención pretender agotar la temática, sino por el contrario, suscitar el interés en ampliar y profundizar la reflexión de una manera sistemática y permanente.

El capítulo séptimo, en total coherencia con el análisis precedente, nos coloca en la necesidad de repensar el sentido de la palabra y la comunicación en la actividad educativa, pero no una comunicación fría e instrumentalizada, sino aquella que deviene de una atmósfera afectiva, que recoge lo verbal y extraverbal, en donde la palabra, como parte esencial del quehacer pedagógico, representa una vía de expresión psicológica, profundamente emotiva. El capítulo busca vivenciar una comunicación desarrolladora, con un contacto personalizado de profundo valor afectivo. Una concepción de comunicación como un acto de disfrute entre docente-estudiante; estudiante-docente; docente-estudiante-institución y viceversa, en donde sea posible reconocer la individualidad, pero al mismo tiempo, crear colectivamente, niveles más complejos de entendimiento, factor fundamental en el desarrollo de la personalidad.

Los capítulos octavo hasta el decimoséptimo, convergen el análisis en dos categorías transversales del trabajo; los escenarios pedagógicos, los estilos de pensamientos y de aprendizajes que éstos demandan. La intención es bien clara, respetando la especificidad de la actividad educativa, no podemos dejar pasar por alto, la función sistémica que la caracteriza, si lo que se busca es la formación integral del hombre y la mujer. Resaltamos en estos capítulos, la necesidad de reorientar el sentido de la acción educativa, hacia el desarrollo integral de la dimensión humana. Cualquier política de desarrollo económico, científico y tecnológico que se pretenda implementar, perderá su verdadero sentido, si los esfuerzos a favor del desarrollo, no tienen como propósito central, las dimensiones humanas y culturales totalmente contextualizadas, de allí el porqué en los mencionados capítulos, damos gran importancia al aprendizaje formal y su papel protagónico en las sociedades del conocimiento; al escenario del empoderamiento educativo, desmitificando este concepto como de uso exclusivo, en las organizaciones productivas y de servicios diferentes al educativo; al escenario del consumismo cultural de la juventud, el cual se expande rápidamente, como consecuencia de la ola tecnológica que impregna todos los espacios de la vida cotidiana. En contraposición a los efectos nocivos que este escenario viene teniendo en el proceso de formación de la personalidad del educando, proponemos la masificación teórica-práctica, de los escenarios de las relaciones afectivas ecológicas; la cultura pedagógica de la prevención y promoción de estilos de vida saludable; el autoreconocimiento y la relación dialógica de las cosmovisiones del estudiante, cosmovisiones institucionales y sociales.

Puntualizando algunos escenarios del tercer milenio

La humanidad se encuentra inmersa en una nueva ola de desarrollo; escenarios científicos, tecnológicos, empresariales, industriales, políticos y financieros se han fortalecido extraordinariamente con la finalidad de hacer frente a la avasallante competitividad y globalización económica e informativa.

Cobra fuerza la idea del papel protagónico que debe asumir la educación como política integral de resignificación del tejido social y humano, tal compromiso se reafirma por los siguientes hechos:

*   El conocimiento es la materia prima fundamental para lograr un desarrollo sostenido en la medida en que dicho conocimiento se reconstruya, construya y socialice, mediante un proceso educativo participativo real.
*   La educación es la base primordial para el desarrollo de las potencialidades humanas y los valores substanciales de respeto, humildad, cooperación, autonomía, afectividad, espiritualidad, sana con-

vivencia, espíritu de superación, entre otros. Una educación de excelente calidad ya sea en el núcleo familiar o en el académico, facilitaría la superación de grandes conflictos sociales como los que vive la sociedad colombiana y por ende, en muchos contextos latinoamericanos.

* La ciencia ha avanzado en los últimos cincuenta años, en forma vertiginosa, fenómenos que antes se consideraban invulnerables a sus desafíos, hoy están bajo su imperio, tal es el caso de las leyes naturales. En la búsqueda de la verdad científica, el hombre logró el conocimiento que podía utilizar para dominar a la naturaleza, lo aplicó y su éxito fue insuperable, aunque para ello tuvo que exagerar el uso de la técnica, el consumo material y despojarse de su dimensión afectiva y humanística.

Su espiritualidad, fe religiosa, sus vivencias personales y la sensibilidad emocional, quedaron prácticamente relegados, al construir máquinas y sistemas poderosos con sus propios programas, remedando el pensamiento humano.

Uno de los síntomas más graves de esta construcción deshumanizada está en el hecho de que la base económica de nuestros pueblos descansa en la producción y demanda de armas.

Hemos construido un sistema económico que se mantiene y consolida mediante la producción de bienes que nos amenazan con la destrucción física, social, espiritual y cultural, transformando al ser humano en un consumista adicto, el sistema social corre el peligro de quedar a merced de la lógica de la tecnología y del consumismo irracional

El escenario actual, plantea un hibridismo en los comportamientos y valores del ser humano, creándose una especie de polarización: Por un lado, están los fundamentalistas, que se sienten atraídos por la fuerza, la violencia, "la ley del más fuerte", "el ojo por ojo" y la muerte; por el otro, los que tienen un profundo anhelo en la vida, nuevas actitudes, motivaciones y expectativas, tendientes a un rescate de la dimensión humana, del control del hombre sobre el sistema social y la humanización de la tecnología.

El escenario de la sociedad del futuro ha sido descrito por Lewis Mumford, uno de los humanistas más eminentes de nuestra época, vislumbrando la sociedad como una "megamáquina", un sistema social totalmente controlado y homogeneizado. La deshumanización en nombre de la eficiencia, es un escenario que se ha vuelto prácticamente cotidiano. Todo está dirigido hacia una estandarización de las actitudes de los empleados que forman parte de los sistemas empresariales, en aras de consolidar la eficiencia que conlleva a una mayor competitividad, desconectado del factor humano. Esto no quiere decir que estemos en contra de la planificación, ella en sí misma, es uno de los pasos más progresistas que haya dado la especie humana, pero puede volverse en contra del mismo hombre, si se aplica en forma irracional y mecánica, ya que ello es una muestra de la renuncia que hace el hombre y la mujer de sus valoraciones, sentimientos y responsabilidades. Por el contrario, será un total acierto si se considera como un proceso vivo, dinámico, capaz de responder a las metas y expectativas humanas. Se reconoce ampliamente que la computadora es una herramienta fundamental para la planificación, pero su uso no tiene por qué alterar el principio fundamental de la relación adecuada medios-fines. El conocimiento de la naturaleza humana, de las posibilidades reales de sus manifestaciones, debe ser uno de los aspectos básicos para la planificación social.

- La familia y la escuela, no han sido ajenas a esta penetración tecnológica. La vida apacible y cotidiana en los hogares, se ha visto resocializada por la tecnología del celular, el nintendo, multimedia e internet, sin descontar la ola tecnológica de la vida cotidiana de las cocinas, lugares de afectividad y creatividad, hoy, por hoy templo de las más exageradas tecnologías, para aquellos cuyo poder adquisitivo, les permite tales extravagancias sin que ello demerite la necesidad de una implementación adecuada en aras de la racionalidad del tiempo, aspecto fundamental en nuestra era, si se tiene en cuenta la participación masiva de la mujer en las actividades productivas, núcleo en otrora de la familia.

Exhibir un celular en personas de baja condición económica y social, es signo de poder y prestigio. Los maestros casi en forma irracional, se han dejado atrapar por la moda tecnológica, aunque se tenga poca o nula noción del valor pedagógico, científico, socia, cultural y psicológico de tales aditamentos y su marcada incidencia en los procesos interactivos humanos.

De allí el porqué es fundamental el apropiamiento de una concepción de ciencia y de tecnología, que sea posible articularla al quehacer pedagógico. Es necesario admitir que "la ciencia es un fenómeno sociocultural complejo que posee sus propias fuerzas motrices, lo que impide hablar de un condicionamiento casual lineal y mecánico entre la sociedad y la ciencia. De tal forma ella posee sus especificidad, autonomía relativa, eficacia propia, capacidad de influencia sobre las restantes actividades e instituciones sociales. En su maduración y progreso la ciencia puede crear potencialidades que trascienden las expectativas que de ellas tienen los agentes y estructuras sociales que la fomentan o al menos toleran. En su capacidad de penetración de la vida material y espiritual de la sociedad la ciencia puede devenir un factor decisivo de ésta."[1]

El marco referencial de la crisis no puede circunscribirse al ámbito local, regional ni siquiera nacional, porque muchos de los problemas que aquejan al planeta demandan soluciones globales, este es precisamente, uno de los principios fundamentales de la globalización.

Ante tal situación, existe un nivel de conciencia que implica reconocer que nos movemos en unos escenarios inciertos y angustiosos, en

---

1. NÚÑEZ, Jover Jorge. *La ciencia y la tecnología como procesos sociales.*Editorial Félix Varela. Habana, Cuba, 1.999

donde han desaparecido muchas de las categorías que nos permitían organizar e interpretar conceptualmente el mundo. En muy poco tiempo cambiaron los parámetros del desarrollo. Las industrias que constituían sectores de punta hasta la década de los ochenta (siderúrgicas, textileras y astilleros), ya casi pertenecen a la "arqueología industrial."

La configuración de un nuevo orden mundial, plantea la paradoja adicional de exportación del empleo y de conocimientos, igualmente la privatización, creciente tendencia cada vez más fuerte no sólo en países europeos, sino en América Latina. Para quienes se encuentran comprometidos con el sector educativo, tal vez se pregunten ¿qué tiene que ver todo esto con el currículo, los procesos pedagógicos, el saber y quehacer del docente o la evaluación?. Una de las respuestas, posiblemente sea el imperio de la aldea global que exige de la educación una más universalista formación integral, sin que esto implique el deterioro de la identidad cultural, trataré de esbozar algunas reflexiones, porque por desgracia buena parte de nuestra socialización profesional ha estado de espalda a la realidad estructural del país y su influencia en la calidad de la educación.

Uno de los impactos más agudos de la crisis está en el empleo, es difícil predecir qué tipo de empleo se generará al cabo de 10 ó 15 años, ni siquiera cual será su cobertura y además, las estrategias para enfrentar la crisis, cada vez son menos individualizadas. No sólo se han universalizado las series televisivas, las políticas educativas cada vez son más globales,. Segundo principio inferido de este análisis.

En tal panorama, se requiere que los educadores tengan mucha claridad en la relación educación-trabajo- formación

No se trata del mecánico ejercicio de la oferta y la demanda, es necesario mirar críticamente cómo se genera, organiza y distribuye el trabajo, cómo educaremos el intelecto y la personalidad, qué tipo de potencialidades humanas son necesarias promover para que dicha división sea más racional y mas justa.

De esa manera, inferimos que la educación anticipa la dualidad existente en el reparto del trabajo. Si las políticas neoliberales están estructurando cada vez más la llamada "Sociedad de los dos tercios", en la práctica, pese a la retórica de igualdad de oportunidades, el sistema educativo se desenvuelve en esa misma base. En el camino queda por lo menos un 70% de la cohorte que inicia la educación formal, sin que nadie asuma la responsabilidad del fracaso de la institución educativa. Incluso, la misma Ley General de la Educación, deja en una gran ambigüedad el futuro de los que no completan la educación básica. Abandonados por el sistema educativo y marginados por el mercado de trabajo, la problemática de los jóvenes, toma dimensiones realmente preocupantes, poco a poco se ha ido conformando una contracultura del ocio y la vagancia, para contrarrestar dicha situación se viene desarrollando con apoyo en la misma Ley General, una educación nacional, centrada en la instrumentalidad inmediata, cuyas prácticas pedagógicas escolarizadas y no escolarizadas, promueven actitudes de mansedumbre y domesticación, las cuales tienden a cosificar al individuo y a la sociedad, convirtiéndose en grandes potenciadores de fracaso escolar.

El crecimiento económico por sí mismo, no genera empleo, como tampoco lo hace cualquier tipo de inversión. Es cada vez más evidente el avance de la automatización en la sustitución del trabajo humano. Con todos los matices del caso, la situación planteada muestra dos tendencias complementarias: por una parte, una reducción notable en el volumen de empleo y por la otra, un aumento en el deterioro de la calidad de vida.

Superior al empleo típico protegido por la seguridad social, cobran fuerzas las formas atípicas que cubren amplios sectores poblacionales, tal es el caso del empleo parcial, empleo temporal, autoempleo y la economía informal. De todas estas manifestaciones vale la pena considerar las actividades ocupacionales informales, porque en ella gravitan más del 60% de los ciudadanos de Colombia. En la última década ha logrado un fuerte posicionamiento el empleo temporal. En Estados Unidos es común observar cómo los grandes gigantes del desarrollo industrial, tal es el caso de la General Motor, IBM., están reduciendo drásticamente sus plantas de personal, las empresas de empleos temporales crecen en forma vertiginosa, esta situación también es notable en los países de América Latina, si se tiene en cuenta que las empresas que contratan empleos temporales no tienen que enfrentarse a reivindicaciones sindicales, costos de formación permanente, ni a la retención indefinida de la masa laboral.

Existe un gran vacío conceptual en torno al sector informal de la economía y la educación, algunos autores hablan de "economía" subterránea, expresión que está más acorde con la evasión de impuestos que al funcionamiento y supervivencia de estas economías a pequeña escala. Tal vez una conceptualización aproximada es aquella que las percibe como unidades parentales consanguíneas o culturales productivas en pequeña escala, centradas en la división social del trabajo, sistema contable sencillo y relaciones interpersonales y comerciales con otros productores semejantes, pertenecientes a organizaciones cooperadas.

Recientes investigaciones sociales han logrado demostrar que este tipo de economía está jugando un papel vital en los países latinoamericanos, se podría asegurar que es tal la fuerza del sector, que la industria a gran escala en Latinoamérica, tendría muy pocas posibilidades de subsistencia sin el apoyo del sector informal. Tal sector ha venido demandando un tipo de educación que desarrolle el conocimiento práctico, destrezas y habilidades específicas, como también, posibilidades de gestión y financiación.

A partir de los vertiginosos cambios tecnológicos y en los paradigmas administrativos, se han creado nuevas demandas que se espera sean satisfechas por el sector educativo.

La clase empresarial aspira a que centros de formación, las escuelas técnicas y tecnológicas, orienten una educación en donde el usuario desarrolle competencias relacionadas con el "saber-hacer" y "saber-pensar".

Este tipo de formación, tiene como finalidad la formación omnilateral, rompiendo con el estereotipo social de exclusión y construir relaciones sociales educativas en el mundo del trabajo, de la escuela y de todos los espacios de la sociedad, que en forma efectiva, amplíen las posibilidades reales de satisfacción de las múltiples necesidades humanas.

Frente a lo anterior, se identifica con mayor preocupación, la brecha existente en la formación del docente, por lo menos en nuestro país el 80% sigue utilizando el "modelo frontal de enseñanza directa a los alumnos. El problema de la calidad docente no se resuelve con los cursos, seminarios y talleres cortos, el avance cualitativo en este aspecto sólo será posible, mediante la puesta en práctica de una política de formación permanente a largo plazo, la cual debe descansar en un proceso de planeación estratégica dialógica, desde una perspectiva formal, sin que ello implique desconocer el papel de la educación continuada o permanente, centrada en actividades académicas no formales, pero lo fundamental, es avanzar en compromisos de formación mucho más consecuente con las tendencias universales, en donde el dominio de otras lenguas por ejemplo y de las tecnología interactiva, juegan un papel fundamental.

2

Formación o deformación en el ejercicio profesional

Toda profesión tiene su riesgo y el oficio del magisterio no escapa a estas eventualidades, es tal la situación de peligro en que se encuentra que puede llevar a la decepción, la rutina, el cansancio, incluso a la renegación de su ejercicio. En otrora el particular oficio del magisterio, obedecía a claras manifestaciones de vocación en quien exhibía dicha pretensión, con el correr del tiempo y ante la complejidad de los escenarios sociales, llegar a ejercer tal profesión, implica recorrer otros caminos con múltiples intereses y motivaciones, muchos de ellos, generalmente apartados de la vocación.

La profesión del magisterio, se ve afectada por múltiples peligros, entre los cuales señalamos los siguientes:

- Permanente nivel de insatisfacción, propiciado por múltiples factores: pocas posibilidades de verificar resultados positivos de su gestión sobre el proceso formador en el otro u otros, si se tiene en cuenta que la obra formadora del educador es a largo plazo.

Esta situación lo puede llenar de angustia, sobre todo, si los resultados no son observables y medibles en un tiempo determinado, la desconfianza puede superar al optimismo, lo cual podría propiciar dos tipos de reacciones: por un lado, el peligro a caer en la rutina y mecanización de su quehacer, y por el otro, una actitud exageradamente exigente consigo mismo, que lo induce compulsivamente a devorar bibliografías, cursos y seminarios y cuanto evento académico se le presenta, con la finalidad de eliminar las angustias y temores ante lo incierto.

Así se originan exaltadas y torcidas idealizaciones personales, generalmente sustentadas por las exigencias sociales, según las cuales el maestro debe encarnar un paradigma de eticidad, moralidad y conocimientos a toda prueba. Esta fetichización del rol del maestro, tiene como consecuencia el desarrollo de sentimientos de insuficiencias cuyos alcances y reacciones difícilmente pueden preverse.

- Estados de fatiga y sobresaturación. Esta situación generalmente la produce el frecuente contacto con alumnos de cualquier nivel y edad, dependiendo del contexto donde se desenvuelve laboralmente. El docente es un profesional que carece de intimidad personal, familiar y profesional.

Muchos sentimientos, deseos e intereses por hacer "cosas distintas" a lo que cotidianamente realiza, deben ser sublimados o en su defecto represados. En el escenario del tercer milenio, los prejuicios, estereotipos y tabúes son fácilmente identificables tanto en la parte cognitiva como actitudinal del docente, a pesar de la ola tecnológica y del conocimiento que nos invade.

Concepciones y prácticas autónomas, necesitan muchos procesos de reelaboración para que puedan ser verdaderamente internalizados por el docente. Como mecanismo de defensa ante la situación planteada, el docente puede elaborar y practicar un proceso de "fuga profesional", fenómeno que implica la búsqueda incesante de ocupaciones adicionales, sin importar mucho su esencia y que en un momento dado, se puede llegar a convertir en ocupación principal, por ejemplo, cambiar la docencia por actividades comerciales, si dicha actividad resuelve en parte el problema económico, es posible que aparezca la reacción de conversión, y el docente abandona parcial o totalmente su ejercicio académico.

Este aspecto ha sido poco explorado en nuestro medio y tal situación se justifica bajo un enfoque únicamente económico. En otros casos, el docente cae en un estado de indolencia, de "dejar hacer y dejar pasar" que trasciende peligrosamente hasta el ámbito familiar, pero en el fondo, tales situaciones no son otra cosa que el fruto de la fatiga profesional y la falta de coherencia conceptual de un contexto social que tiene tantas ambigüedades acerca de quién es realmente el docente.

- Desgaste de la capacidad afectiva, puesta a prueba en forma permanente.

Si hay una dimensión que en la vida del maestro debe prestársele atención es esta de la capacidad de brindar permanentemente afecto y calidez emocional. Sobre esto se ha iniciado un debate que vale la pena profundizar, si se tiene en cuenta que tales dimensiones han jugado un papel muy pobre tanto en los marcos legales como en los referentes teóricos, conceptuales, epistemológicos y metodológicos de la educación y la pedagogía, escenarios en los que se encuentra inserto el quehacer del docente.

El desequilibrio presentado por esta variable en un momento dado, puede generar situaciones complejas en las interacciones docente-alumno y viceversa. El educador no puede exigir de sus alumnos amor en la verdadera extensión de la palabra, por el contrario, debe estar en una posición de permanente renuncia, los alumnos no le pertenecen son transitorios en su vida. Esto lo lleva en algunos casos, a debatirse en el dilema: orientación de un aprendizaje con objetividad, centrada en la creación de un proceso de autonomía e independencia del alumno. La situación se torna difícil, con matices de problema trágico. El alumnado cambia todos los años y el docente permanece en sus grados, semestres, niveles o departamentos. Sus sentimientos recomienzan cada vez para volver a interrumpirse.

En este ciclo hasta cierto punto vicioso y mecánico, "recomenzar-interrumpir", se agota fácilmente la "capacidad amatoria del docente". Ante tal situación viene la duda sobre la efectividad de encontrar docentes que reúnan el conjunto de características social y culturalmente exigidas. Sin embargo, a pesar de esta realidad el pedagogo no puede renunciar a la reconstrucción conceptual, metodológica y epistemológica de su quehacer, sistematizar y socializar sus experiencias.

Si hay una dimensión que en la vida del maestro debe prestársele atención es esta de la capacidad de brindar permanentemente afecto y calidez emocional. Sobre esto se ha iniciado un debate que vale la pena profundizar, si se tiene en cuenta que tales dimensiones han jugado un papel muy pobre tanto en los marcos legales como en los referentes teóricos, conceptuales, epistemológicos y metodológicos de la educación y la pedagogía, escenarios en los que se encuentra inserto el quehacer del docente.

El desequilibrio presentado por esta variable en un momento dado, puede generar situaciones complejas en las interacciones docente-alumno y viceversa. El educador no puede exigir de sus alumnos amor en la verdadera extensión de la palabra, por el contrario, debe estar en una posición de permanente renuncia, los alumnos no le pertenecen son transitorios en su vida. Esto lo lleva en algunos casos, a debatirse en el dilema: orientación de un aprendizaje con objetividad, centrada en la creación de un proceso de autonomía e independencia del alumno. La situación se torna difícil, con matices de problema trágico. El alumnado cambia todos los años y el docente permanece en sus grados, semestres, niveles o departamentos. Sus sentimientos recomienzan cada vez para volver a interrumpirse.

En este ciclo hasta cierto punto vicioso y mecánico, "recomenzar-interrumpir", se agota fácilmente la "capacidad amatoria del docente". Ante tal situación viene la duda sobre la efectividad de encontrar docentes que reúnan el conjunto de características social y culturalmente exigidas. Sin embargo, a pesar de esta realidad el pedagogo no puede renunciar a la reconstrucción conceptual, metodológica y epistemológica de su quehacer, sistematizar y socializar sus experiencias.

La valoración social del rol y estatus del docente

La actividad social e históricamente determinada del docente, ha estado matizada por los problemas relativos al estatus de la educación, en los sectores responsabilizados de la misma (oficial y privado). Tanto en uno como en el otro, el docente es presa de constantes angustias, dada la incertidumbre con que desarrolla sus actividades, incertidumbre ésta asociada a sus propios procesos de seguridad laboral y salarial, como también, a la políticas de atención real al sector que puedan derivarse del Estado. De allí, el porqué el mecanismo de la protesta social,(sector oficial), en la búsqueda de las reivindicaciones, se practica con tanta insistencia, conllevando a signos de fatiga y agotamiento. Los pertenecientes al sector privado, actúan en forma independiente, individualizada, no cuentan con organizaciones y su estabilidad laboral es muy incierta, dado el tipo de contratación a que son sometidos, si se tiene en cuenta, que las instituciones privadas, se mueven al vaivén de la oferta y la demanda, en otrora, exclusivo de los sectores productivos y de servicios independientes del educativo. Tal fenómeno tiene un comportamiento supremamente complejo, que de no entenderse y practicar una concepción de aprendizaje abierto y de globalización de estrategias para subsistir, es posible que muchas instituciones lleguen a desaparecer, lo cual tendría una incidencia doble en cuanto a la cobertura en los dos sectores más importantes de la educación: alumnos y maestros.

Sobre formación del docente y otros tópicos

El deterioro de la imagen y del status social que paulatinamente viene sufriendo la profesión docente, se extiende tanto a la difusa pero significativa conciencia social, como a las determinaciones reales de la política educativa de los sucesivos gobiernos, a los gestores de la educación privada, incluso, al propio sentimiento de los docentes. Estas situaciones indudablemente deben compaginarse con las causas sociales, económicas, políticas, académicas, culturales y epistemológicas, que de alguna manera favorecen o provocan el deterioro y desconsideración de uno de los oficios más dignos en la historia social de los pueblos.

Con el auge que ha tomado en los últimos años el tema de la calidad de la educación, sobre su capacidad de respuesta a un mundo de gran complejidad y asombro por la magnitud de sus cambios, el tópico de la formación docente también cobra gran vigencia, precisamente en la Ley General de la Educación, esa preocupación se patentiza en el capítulo segundo, en donde se establecen los fines y principios generales de la formación de educadores.

Desde una perspectiva universalista, los elementos que configuran la identidad profesional del docente están asociados en primer lugar, a la posesión de un cuerpo de conocimientos formales y disciplinares y en segundo lugar, a una relativa autonomía en el quehacer. Ambos aspectos son imprescindibles en la identidad y práctica profesional. El docente históricamente reclama autonomía para el desarrollo de sus actividades, porque es consciente de ser depositario de un saber disciplinar que legitima la racionalidad de sus diagnósticos y evaluaciones y por otro lado, la contrapartida de la responsabilidad que asume ante la sociedad por la calidad de sus trabajos con el grupo de estudiantes asignados a su mando, no puede ser otra que el ejercicio autónomo de su práctica profesional.

Frente a la perspectiva del saber y quehacer pedagógico, se han construido varias categorías que tienen mucho que ver con el desarrollo práctico de la función docente:

- Categoría tradicional, concibe la enseñanza como una actividad artesanal y al docente como un artesano.
- Categoría técnica, la docencia se entiende como una actividad aplicada y al docente como un técnico.
- Categoría integral, concibe la enseñanza como una actividad crítica y al docente como profesional autónomo que hace de su práctica un proceso investigativo.

Esta última categoría nutre sus referentes teóricos en una concepción dialógica y hermenéutica que ubica la enseñanza como una ciencia práctica en donde los docentes son investigadores sobre su propio quehacer en la búsqueda de una comprensión racional de las diversas situaciones construidas como ambiguas, complejas e imprevisibles, se busca la interpretación específica de las situaciones particulares consideradas en su conjunto, las cuales no pueden abordarse con objetividad si no se mejoran dichas interpretaciones individuales o colectivas.

El docente que desarrolla su quehacer bajo el enfoque hermenéutico-reflexivo, se concibe como un artista, clínico e intelectual, que tiene que poner en juego su sabiduría y creatividad, para afrontar las situaciones únicas, ambiguas e inciertas que configuran la vida de un aula de clases, de la institución educativa y del mundo social en general. La interacción se efectúa en un medio ecológico complejo: La institución y el aula; un escenario psicosocial vivo y cambiante, algunas veces sinérgico, otras divergente. Los problemas de la vida cotidiana escolar a los que se enfrenta el docente son tan imprevisibles, no pueden resolverse mediante la aplicación de una regla técnica o recetas preestablecidas.

El conocimiento útil y relevante concerniente a esta práctica educativa vincula obligatoriamente tres aspectos: la fundamentación epistemológica y científica disciplinar, la sensibilidad experiencial y la indagación teórica.

El conocimiento emergente de este proceso, es el resultado de una práctica investigativa fluida y cotidiana sobre las singularidades de la situación concreta, utilizando como referentes conceptuales el bagaje intelectual de la propia experiencia y la ajena, igualmente, el saber público de la ciencia, la cultura y las artes, puesto a disposición de la comunidad en cada espacio histórico.

El conocimiento disciplinar del docente emerge en y desde su práctica y se legitima en la experimentación reflexiva y democrática, en el propio proceso de construcción y reconstrucción de su práctica educativa.

El conocimiento profesional concebido de esta manera, sufre una génesis dialéctica.

Los docentes construyen en forma permanente su propio conocimiento cuando se sumergen en conversaciones ya sean informales o formales, mediatizadas por su concurrencia e interacción en eventos que tienen que ver con su quehacer (simposios, seminarios, congresos, talleres, postgrados, etc.), donde se interlocuta y cuestiona no sólo el carácter profesional del ejercicio docente sino los diferentes aspectos que se articulan al proceso pedagógico. El conocimiento que se ofrece externamente al espacio personal de construcción del docente, sólo debe ser aceptado como un apoyo conceptual, teniendo siempre presente que ha sido generado en otro contexto y, bajo otras condiciones y enfoques. El reto más grande que debe enfrentar el docente es el de generar nuevos conocimientos que le permitan interpretar con objetividad la típica situación en que se mueve, de lo contrario, el docente queda totalmente subordinado a la intermediación de saberes externos a su entorno, para poder sobrevivir como profesional.

Desde la perspectiva de un compromiso mucho más allá de la enseñanza, el quehacer del docente es también político en la medida en que interviene abiertamente en el análisis de los temas y problemas de interés público y promueve en el estudiante el interés crítico y reflexivo en torno a los problemas colectivos.

Esta dimensión en el quehacer del docente, generalmente se pasa por alto o se tergiversa confundiéndose con otro tipo de prácticas, tal posibilidad de concebir la función docente como intervención cultural en un espacio de vivencias que reproducen y recrean la cultura de la comunidad, desemboca inevitablemente en el compromiso de la actividad pública.

Cuando se concibe la cultura en una perspectiva integral con los problemas y condiciones que la limitan o potencian, parece inevitable el compromiso público del docente con una acción que concita a remover los obstáculos que impiden el desarrollo autónomo y creador. Nos atrevemos a afirmar que muchos problemas que permanecen sin resolver en los espacios institucionales donde interactúa el docente, no responden a carencias cognitivas sino al insuficiente desarrollo de actitudes y capacidades de actuación cooperativa. En muchos casos, hay dominio profundo en los discursos pero poca coherencia con lo que se ejecuta. Como profesionales de la educación se ha avanzado mucho en la capacidad de aprender pero poco en la decisión para actuar. Es necesario la movilización hacia un aprendizaje colectivo, organizacional inteligente, para transformar la realidad que no satisface las expectativas individuales y colectivas.

3

Formación permanente del docente: preocupación o responsabilidad individual y estatal

A pesar de que la UNESCO ha demostrado en las últimas décadas una gran preocupación por el tema de la formación permanente de los docentes, esto no se ha traducido en una política concreta ni se ha percibido como era de esperar. Sin embargo, en algunos países se ha venido avanzando en ciertas tareas de este tipo una vez que han definido necesidades mediante la aplicación de procedimientos evaluativos y de gran participación. A continuación señalaré a manera de ejemplo, varios casos de esta naturaleza: en España, existen centros destinados a la evaluación diagnóstica para llegar a la identificación de las necesidades de formación, como metodología de trabajo utilizan seminarios y variadas dinámicas grupales, a partir de los cuales definen las políticas y programas de formación profesoral. Por otro lado, en Francia existen centros especializados para la formación de instructores adultos; en Rusia, hay instituciones que se dedican exclusivamente a organizar cursos matutinos compatibles con los horarios laborales y otros, que se desarrollan por correspondencia, además, más de quinientas facultades e institutos superiores, tienen programadas estas actividades de formación, para cuya vinculación no hay límite de edad. La participación del profesorado es bastante elevada ya que el enfoque, contenido y objetivos de tales eventos académicos, están en función de las necesidades y expectativas de los docentes.

En algunos países como Checoslovaquia, la política de formación es estatutaria y obligatoria, todo profesor debe formarse como mínimo una vez cada cinco años, participando en un curso de régimen residencial de seis semanas de duración, alternándolo con seminarios, talleres, conferencias optativas en las que debe participar durante el transcurso de ese lapso de tiempo. En Bélgica la experiencia de formación docente tiene matices peculiares si se tiene en cuenta que en el marco de la política de formación permanente, para que un docente pueda participar en algún evento académico, debe someterse a una entrevista focalizada a partir de la cual se identifican las necesidades y la pertinencia de los contenidos seleccionados.

En Alemania y Grecia, la formación permanente es obligatoria, en el resto de los países europeos es opcional, exceptuando el dominio y actualización sobre aspectos administrativos y jurídicos los cuales son proporcionados por el estado.

En muchos países sudamericanos y en Norteamérica se ha generalizado la práctica de los cursos de verano, relacionados con el análisis de temáticas específicas o generales de incumbencia del docente.

La participación real en programas de formación permanente, está asociada a las condiciones y características en que se lleva a cabo el quehacer docente y de las posibilidades que se le puedan ofrecer al respecto.

La dedicación y responsabilidad frente a la participación en tales eventos, tiende a ser en algunos casos como en Colombia, controvertida, sin embargo, hay casos como los años o meses sabáticos, el intercambio y las pasantías, concedidos a profesores para que realicen preparación, entrenamiento o investigaciones en determinadas áreas del quehacer docente. (Casos generalmente, de las instituciones oficiales de educación y de algunas privadas).

En cuanto a los sistemas de financiación, hay igualmente variaciones, en algunos países corre totalmente a cargo del Estado, en otros, se combinan variadas fórmulas, incluso, desarrollar estrategias mixtas que implica igualmente, asumir el compromiso financiero por parte del docente aunque sea en forma promedial. A nivel universitario, se han creado instancias y espacios de formación permanente, variando su sistematicidad y compromiso institucional de la universidad oficial a las privadas. En Cuba, son comunes los institutos superiores pedagógicos que ofrecen diversas opciones de educación posgraduada, donde no sólo se entrena al educador en teorías, tendencias y estrategias pedagógicas, sino también, en aspectos inherentes a la investigación educativa.

Las líneas sobre las que se articulan las políticas y programas de formación docente son diversas, así por ejemplo: en Bélgica se orienta fundamentalmente a la formación permanente en secundaria, motivado por la renovación de este ciclo educativo; en Italia el énfasis es hacia la escuela primaria, principalmente en investigación e innovaciones educativas; en los países bajos, se busca incidir en una formación docente, que enfrente las nuevas tecnologías y la formación técnica; Grecia y Portugal, abren estrategias que permiten al docente desarrollar programas de recuperación de procesos cognitivos, habilidades y destrezas de las etapas iniciales; en México, la línea se enfoca hacia la interculturalidad, la investigación pedagógica, la elaboración de materiales y el conocimiento de la realidad mexicana; en Chile, la educación se centra en las diferencias individuales, la innovación curricular y la educación rural.

La tendencia actual es articular programas de formación permanente con la innovación educativa y la investigación aplicada, enfocadas tales actividades hacia los centros de desempeño laboral, porque el objetivo de los mismos, es incidir directamente en la calidad de los procesos que se ejecutan. El proyecto que gradualmente se va masificando es el de la "formación permanente centrada en la institución educativa", fuertemente proyectada hacia los escenarios del contexto social.

El trabajo diario del docente y las posibilidades reales de investigación

Las investigaciones y reflexiones acerca de la dimensión laboral del trabajo escolar, ha permitido identificar una serie de aspectos de su actividad que la definen y crean las contradicciones con las que tiene que enfrentarse el docente: dirección, supervisión, definición de su trabajo, tiempo, relaciones interpersonales y verse a su vez, como "investigador" en un marco de profesionalismo.

En un sistema social como el colombiano, el trabajo del docente, se ejecuta en su mayor parte, por no decir siempre, en los intramuros escolares y el mismo trabajo a su vez, está afectado por las condiciones económicas, sociales, políticas y culturales, que implica una absorción al sistema escolar casi del cien por cien, (mañana, tarde, noche, clases en jornadas sabatinas y aún en los domingos). No es claro entonces, en qué momento y bajo qué condiciones, el maestro puede responsabilizarse con verdaderas investigaciones, que le permitan desarrollar un fuero profesional de investigador y ser reconocido por la comunidad académica y científica. Un debate sobre los fundamentos y validez de la actividad investigativa que realiza el profesor, debe ir más allá de una concepción trivializada de la investigación y en muchos casos, confundida como estrategia pedagógica. A pesar de lo anterior, los escenarios actuales y futuros de desarrollo, demandan docentes menos apegados al sistema escolar muralizado y con mayor libertad para convertirse en el tan necesitado docente-investigador, Gabriel García Márquez en su Proclama, en el informe de los Sabios sentenció:

Somos dos países a la vez: uno en el papel y otro en la realidad, razones de sobras para seguir preguntándonos, quiénes realmente somos y cuál es la cara con que queremos ser reconocidos en el tercer milenio.

El docente ante la paradoja de la base cambiante del conocimiento

Si algo mantiene prevenido al docente y a la institución educativa, es la forma acelerada como se transformará la educación en las próximas décadas más de lo que se ha logrado desde que se creó la escuela moderna hace más de trescientos años, con la utilización de libros impresos.

En el análisis prospectivo de las megatendencias de desarrollo, el conocimiento ocupa un lugar privilegiado, al concebirse como un primer recurso productor de desarrollo. Tal concepción demanda de una gran eficacia, responsabilidad y compromiso tanto del estado como de la institución educativa como del docente.

Hoy se viene hablando mucho de la "formación integral" incluso, el concepto forma parte de los discursos pedagógicos públicos, sin embargo, éste debe revisarse especialmente en su dimensión epistemológica, si se tiene en cuenta que los métodos de aprendibilidad y de enseñabilidad están cambiando, gracias a los nuevos desarrollos teóricos y tecnológicos que ejercen una gran influencia sobre el comprender y aprender.

Muchas de las disciplinas tradicionales son obsoletas, en este aspecto, hay también una especie de "relevo disciplinar". El concepto de formación básica (antes, lectura, escritura y matemáticas), ahora incluye una considerable compresión de la tecnología y otros idiomas, sus dimensiones, características y funciones; requiere igualmente, una concepción de globalización en donde las fronteras de la institución educativa, del barrio, municipio, departamento ciudad y nación no pueden limitar el propio horizonte; la cultura como posibilidad de búsqueda y reconocimiento de la identidad individual y colectiva, se hace igualmente importante, los nuevos medios de comunicación juegan papel básico en la socialización de esta nueva interpretación y práctica de la cultura, si se tiene en cuenta que el volumen y tipo de información que proporcionan, son superiores al que maneja la escuela, en particular y la sociedad en términos generales.

La llamada sociedad del conocimiento requiere que todos sus miembros aprendan cómo aprender. Sócrates el cantero- el oficio que le sirvió para construir su vivienda, si viviera ahora por ejemplo en América Latina, formaría parte del ejército de desocupados o seudo ocupados de la construcción. Pero Sócrates el filósofo, estaría muy ocupado resolviendo las contradicciones y vacíos conceptuales de la filosofía moderna y postmoderna. Su mayor contribución estaría en la lógica simbólica y en la lingüística.

Hoy, la formación profesional tiene una marcada tendencia a lo desechable. Si un economista o un ingeniero, sólo para referirnos a dos profesiones, egresa de cualquier programa académico de estas áreas y no inicia enseguida un amplio y profundo programa de Reingeniería en su formación profesional, el cual debe ser permanente, corre el peligro de quedar obsoleto, lo mismo sucede con el docente

De allí el porqué el modelo pedagógico del presente y el futuro, es aquel centrado en la "preparación del ser humano para aprender." La familia, la sociedad empresarial y la sociedad del conocimiento, requieren mirarse como sociedades de continuo aprendizaje, de múltiples opciones técnicas, tecnológicas y profesionales, tanto del sistema formalizado, como del mixto o el no formalizado. Promover en los estudiantes las condiciones y capacidades para continuar aprendiendo y para desear hacerlo, es un reto que se impone al docente y a la escuela. La automotivación permanente, se eyergue como categoría transversal de este compromiso Ningún sistema educativo ha emprendido en forma sistemática y permanente esta tarea. Nuestra institución educativa, centra sus responsabilidades sobre las debilidades del estudiante, vive pendiente de sus falencias, especialmente las académicas, los docentes rara vez, convocan a los padres de familia para informar sobre los adelantos de x o y estudiante, sus inquietudes, motivaciones y proyecto de vida, como también, para la construcción colectiva de programas que viabilicen el perfeccionamiento y desarrollo de las múltiples competencias que lo caracterizan

El sistema educativo en general y su materialización en las instituciones, no pueden edificar la eficiencia y eficacia exclusivamente sobre la base de las debilidades, para corregirlas, sólo es posible construir una cultura de la eficacia, cuando se consideran las diferentes contradicciones, no solamente las debilidades sino también las fortalezas, las cuales muchas veces son desconocidas e ignoradas por la comunidad educativa

Las fortalezas no crean problemas y nuestro sistema educativo está orientado por una concepción de lo remedial, la minusvalía, así es muy común escuchar ministros de turno, dirigiéndose a la audiencia nacional, para señalar el rosario de falencias del sistema y proponer a su vez, las "tareas de recuperación", las cuales producen un efecto de afianzamiento de la mediocridad humana, tanto en el estudiante como en el padre de familia, y la desesperación en los docentes y directivos de la institución, quienes dedican jornadas de su tiempo laboral para programar y planear las "estrategias de recuperación". En la futura sociedad del conocimiento, el maestro tendrá que aprender a decirle a los padres; "estoy desarrollando con los estudiantes un programa para que sus hijos amplíen profundamente sus conocimientos de química y ustedes deben participar activamente en el mismo, se trata de una decisión y construcción conjunta". El docente, el padre de familia y la institución educativa, tienen que llegar a reconocer que el niño y el joven, son poseedores de un potencial que necesita ser desarrollado y perfeccionado.

Los docentes orientadores de este nuevo modelo pedagógico, tienen que ser líderes, para lo cual requieren de mucha ética y moral.

Reconozcamos que la educación moral pasa por una de sus más aguda crisis.

La ética de hoy, es asignaturista, responsabilizada a un docente, quien al llegar al salón de clases, la puede iniciar de la siguiente manera: "Ética es dos puntos..." y finalizar la clase, media hora antes del tiempo estipulado... y así, lo hará siempre.

Comienza a germinar un debate respecto a la importancia de los valores morales y éticos de la educación en la sociedad del conocimiento, sin embargo, la tendencia busca demostrar que los valores morales espirituales y éticos, tendrán un posicionamiento extraordinario, encauzados hacia el reconocimiento del ser humano en su concepción más amplia. El conocimiento y los impulsores del mismo, deben aceptar esta responsabilidad.

En consecuencia, el siglo XXI, presenta sus requerimientos sociales, por lo tanto, la institución educativa y sus estamentos deben ponerse a tono para poder asumir con propiedad el nuevo paradigma pedagógico, el cual se caracteriza por los siguientes aspectos:

La educación en y para una sociedad del conocimento, debe cimentarse sobre un propósito social, con una concepción ética y moral

El sistema educativo debe ser abierto, acabando el estereotipo de lo escolarizado, semiescolarizado y no escolarizado. Las barreras infranqueables deben desaparecer, desarrollándose la cultura de "las oportunidades para todos", estrategia fundamental en el desarrollo del potencial humano", la institución educativa, necesita repensar el concepto de lo terminal y avanzar hacia un continuo en donde la condición de "egresado" (el que sale) desaparezca y éstos, regresen a la institución una y otra vez. Este tipo de educación se convierte en una fuerte empresa en "crecimiento del futuro" y para ello, juega un papel muy importante el aprovechamiento de las tecnologías interactivas bajo un enfoque lógico racional en su dimensión pedagógica.

Acerca del confinamiento institucional

La educación no puede seguir confinada en las escuelas, así lo corrobora el primer requerimiento sustentado en la obra.

La institución educativa, asumirá la responsabilidad social de minimizar que la acreditocracia reafirme cada vez más, la plutocracia, es decir, que el acceso a los buenos puestos de trabajo y oportunidades de mejoramiento continuo en lo educativo, dependa del diploma y el "padrinazgo", desconociendo otros méritos humanos y profesionales.

En la sociedad Colombiana, es necesario consolidar el principio de que la educación mueve la economía y modela la sociedad, pero esto sólo es posible con la persona formada, es decir, que esté también preparada, tanto para regir destinos individuales, colectivos y sociales, como para ganarse la vida y participar activamente en la transformación social.

El propósito de la sociedad del conocimiento es transmitir virtudes e ideales, pero también enseñar técnicas de eficacia y eficiencia. Frente a todo lo que hemos planteado en este punto, valdría la pena preguntarnos: ¿Qué es una persona formada en el paradigma pedagógico de la sociedad del conocimiento? ¿Será deshumanizada? Una hipotética respuesta sería: este modelo pedagógico a la vez que profundiza en el dominio de la tecnología y en los fundamentos de la ciencia, articula los métodos, los valores y todas aquellas expresiones que constituyan las humanidades y las artes liberales, Naisbitt John (Megatendencias 2000), afirma sobre esto lo siguiente:

> *Cuanto más homogéneo se hace nuestro estilo de vida, tanto
> más fuertemente nos aferramos a valores más profundos: la
> religión, el idioma, el arte y la literatura.*
>
> *A medida que nuestros mundos se vuelven más parecidos, más
> caras serán para nosotros las tradiciones que surgen desde
> adentro*[2].

En la medida en que las humanidades y las artes se hacen más importantes en la sociedad, los individuos, las ciudades, los pueblos y las instituciones, deciden cada vez más su destino sobre la base de lo que han construido artísticamente como propio.

Todo esto no debe quedarse en letra vacía, hay que darle significación y proyectarlo a las realidades en que vive la gente. Se requiere rescatar las humanidades y darles los méritos históricos que tuvieron: "luces que nos alumbren y guíen hacia la recta acción", asumir esto no es una tarea individual, en ello tiene gran competencia el Estado como gran legislador, la institución educativa, los docentes, estudiantes y toda la sociedad civil.

El acceso a la sociedad del conocimiento obliga a enfocar y practicar los valores, la sabiduría, la belleza tanto del pasado como del presente, la estética, la naturaleza y la dimensión humana, la clave de cómo hacer esto puede estar en la necesidad de enfrentarnos al compromiso de equipar a los estudiantes para ganarse la vida mediante el desarrollo de técnicas sencillas de eficacia, que le permitan incorporarse al mundo de las organizaciones y ser capaz de: presentar ideas novedosas en forma oral, por escrito, o mediatizadas por la tecnología, con brevedad y claridad; relacionarse sinérgicamente con las otras personas; organizar y dirigir su propio ambiente de trabajo, su familia, su vida y su carrera; desarrollar técnicas y estrategias que conviertan la organización en un espacio propio para lograr sus

---

2.   Grupo Editorial Norma. Santa Fe de Bogotá. 1993. Pág. 103

aspiraciones metas e ideales. Estos, entre otros, son los aspectos que trataba Sócrates en sus diálogos de Platón, hace aproximadamente dos mil quinientos años, como los puntos claves para que una vida merezca ser vivida.

Identidad del maestro desde la articulación de lo intrínseco con lo extrínseco

Qué es la identidad en sentido humano? Es la experiencia que permite al individuo decir legítimamente "yo soy", centro activo, organizador de la estructura de todas mis actividades actuales o potenciales.

Intentar escudriñar el proceso de construcción de la identidad social desde la perspectiva articuladora factores intrínsecos y extrínsecos, implica adentrarse en la mismicidad del ser desde dos aspectos: la identidad del "yo" posesivo, de tener; yo me tengo a "mí" como tengo a las demás cosas y la identidad de "sí mismo" o categoría de ser.

La autoposición se concibe como la autoafirmación, y autodefinición, el ser humano lleva una vida que le es única y por lo tanto propia y es a partir de ella, donde se abre un campo de realidades. En cuanto al ser o identidad de sí mismo, se identifican tres subcategorías que nos conducen a su interpretación: la vulnerabilidad, la integridad y la trascendencia, las cuales reafirman la condición humana del ser.

La urdimbre vulnerabilidad, integridad y trascendencia, construyen la característica de libertad y autonomía, no en la dinámica instrumental y condicionada como la vemos actualmente en los escenarios sociales, económicos y políticos donde interactúa el docente.

La trascendencia le permite al docente construir su conciencia en la libertad y autonomía, para ser él mismo y no el sujeto alienado, objeto de manipulación. Una concepción del ser, diferenciada epistemológicamente del tener, coadyuva en el docente la construcción de la concepción de los otros, de la enseñanza, el conocimiento y la sociedad en general.

Cognición social, construcción de concepciones y saber pedagógico

La cognición social tiene que ver con los procesos mentales mediante los cuales el ser humano conoce el mundo social, se conoce así mismo, conoce a los otros, lleva a cabo sus relaciones interpersonales y participa en la creación del mundo de las asociaciones humanas. El docente desarrolla su proceso cognitivo en los diferentes contextos donde realiza sus actividades personales y colectivas, en ello juega un papel muy importante la percepción social o formación de impresiones que de alguna manera, van dejando una impronta en su conciencia. Tales eventos en la vida del docente, no deben entenderse como simples elementos aislados y mecánicos, es una cadena construida en el largo proceso de socialización y que posteriormente, orientan los comportamientos individuales y colectivos del mismo.

En esta dinámica del conocimiento, se estructuran los esquemas; especies de teorías implícitas respecto al mundo social y los procesos de conocimiento de los mismos. En el mundo de los esquemas, encontramos los autoesquemas, que son toda la organización de conocimientos sobre el yo y la propia historia de vida, la cual tiene una marcada incidencia en el quehacer del docente, generalmente los autoesquemas, son representados por el docente más de una manera verbal que visual, mediante los relatos en las aulas de clase y en los espacios académicos de su propia vida, en algunos casos, se convierten en metarrelatos cargados de subjetividad.

Esquemas de las personas

Son los bloques de conocimientos elaborados subjetivamente por las personas, sobre la base de sus interacciones y experiencias previas.

Bajo la influencia de estas categorizaciones, es posible que el docente construya prejuicios y estereotipos sobre el modo de ser y actuar de las personas con las que establece relaciones en una forma directa e indirecta. (Estudiantes, colegas, directivos, padres de familia).

La construcción de esquemas de personas, contribuye a la construcción de esquemas de roles y funciones de los otros, respecto a sus compromisos y responsabilidades.

En el plano educativo tales construcciones cognitivas generalmente son utilizadas para valorar la conducta y desempeño de los sujetos en el proceso. Los estados emocionales de los sujetos que evalúan las conductas de los demás, son dinamizadores de tales esquemas. Muchas investigaciones del campo de la psicología social han confirmado la hipótesis sobre la influencia del estado de ánimo en los procesos cognitivos de interpretación, asociación libre, predicción personal, juicios sociales y memoria, entre otros.

Un docente bien motivado, satisfecho con su estatus social, puede en un momento dado, desarrollar actitudes positivas, altruistas de valoración del otro u otros, aunque las situaciones o conductas valoradas no se ubiquen en tal categoría. Los estados de ánimo negativo, se asocian con actitudes de valoración negativa. Tanto los estados afectivos como los fines y motivos de los sujetos, tienen influencia en la cognición.

Crisis de identidad o inseguridad acerca del significado de ser docente

Dentro de las múltiples circunstancias que rodean el quehacer del docente, se presentan muchas limitaciones u obstáculos que entorpecen el cumplimiento de su labor. Aunque el abanico es supremamente amplio, sólo voy a referirme a algunas de ellas, que afectan directamente las relaciones del docente con su saber y quehacer; la percepción y concepción que ha construido sobre su identidad como maestro; el grado de conciencia y reflexión crítica sobre su saber pedagógico.

1. Crisis de identidad e inseguridad acerca del ser maestro y quehacer del mismo, desde el ámbito disciplinar

Sobre este punto puede afirmarse que en algunos casos, la crisis se desata cuando la actividad de enseñar que compromete al docente como interactuante en una determinada institución educativa, en el aula de clases en relación dialógica con sus alumnos, se ha visto fuertemente cuestionada desde el parcelamiento disciplinar que se hace del quehacer, donde el conjunto de disciplinas que forman un plan de estudios reclama para sí una parcela del mundo escolar, de los saberes y de la didáctica de la enseñanza. Es importante anotar que tales disciplinas que reclaman un espacio propio del saber y quehacer del maestro, son aquellas mismas que jugaron un papel fundamental en la construcción de su propio saber, tal es el caso de la filosofía, sociología, psicología, economía, etc. En este aspecto, es el maestro quien debe reelaborar las condiciones necesarias del espacio escolar, para poder orientar su saber disciplinar con cierta especificidad, sin dejar de reconocer públicamente el apoyo epistemológico, teórico y metodológico que las mismas, proporcionen en una relación interdisciplinar. Realizar con objetividad este tipo de ejercicio mental, implica precisamente algunas ambigüedades cuando no se tiene el suficiente dominio, claridad y autonomía disciplinar y más aún, cuando el docente requiere trascender la teoría a la práctica, porque es precisamente, en este contexto, donde la concepción, dominios disciplinares y didácticos del docente, se validan.

2. Crisis de identidad desde los roles socialmente asignados al maestro

La permanente crítica que se le ha venido haciendo a la institución educativa, en el sentido de estar de espaldas a la realidad social, ha incidido en las reflexiones y debates de los maestros sobre su quehacer, sin embargo, la asignación de roles de proyección social y comunitaria a la escuela, en parte, ha desviado la función social de ésta, cual es la de promover e impartir formación integral en sus alumnos.

Tales roles, plantean exigencias de promoción social y económicas al docente que en muchos casos, le generan angustias, incertidumbres y vacíos psicológico, ya que los mismos son contradictorios con los principios y fines de su saber disciplinar. Por ejemplo, el hecho de responsabilizarse por bingos, rifas, reinados, festivales, etc., los cuales llevan encubiertos la captación de fondos para "solucionar" problemas de competencias de otros entes públicos o privados.

Al docente actual, se le exige una reflexión profunda sobre su quehacer, que se preocupe por la reconstrucción o construcción de su saber pedagógico, que supere la repetición, la copia y la memorización; que brinde afectividad, amor, ternura y comprensión a sus alumnos; que haga de la enseñanza un espacio lúdico, dialógico e investigativo, pero también, que sea promotor del desarrollo comunitario, que no se deje absorber por los muros escolares ni por su cosmovisión y estereotipo de enseñar.

Aunque no se niega la posible colaboración de los docentes en la promoción comunitaria, es importante aclarar que dicha labor no puede cumplirse en detrimento de la función social de orientar el aprendizaje, salvo el caso, cuando la proyección comunitaria, se convierte en eje transversal del currículo y su intervención es mediada por múltiples alternativas didácticas, siendo entonces, inherente al proceso de formación integral del alumno, en cuyo acto éste desarrolla las potencialidades que luego serán puestas al servicio de la sociedad en general.

En este proceso, es importante reconocer las peculiaridades sociales y culturales donde se desenvuelve la escuela. Es un hecho muy claro que no todas las escuelas tienen las mismas características, ni todas las comunidades son iguales. Las escuelas situadas en el campo en donde el maestro reside en la misma área, desarrolla una mejor identidad y pertenencia, hacia su medio social, contrario, a las instituciones educativas de las grandes urbes, en donde tanto población estudiantil como la docente, vienen de distintos puntos de la ciudad, incluso, con una gran heterogeneidad de valores, intereses y expectativas, la función comunitaria del maestro, asume muchas veces, características complejas e indefinidas.

3. Tiempo y desarrollo programático en la vida académica del docente

Una de las quejas que frecuentemente hacen los docentes de cualquier nivel, se refiere a la falta de tiempo para cumplir los programas. Esta percepción del tiempo afecta la forma de enseñar, porque lo presiona para darle mayor importancia a la transmisión de contenidos, dejando de lado la esencia principal del acto pedagógico, como lo es la construcción de conocimientos, la construcción y fortalecimiento colectivo de los valores, esencia de la dimensión humana. Entre preparar clases, revisar trabajos, tareas, evaluaciones y transmitir conocimientos, el docente gasta la mayor parte de su tiempo, dejando igualmente en lugar secundario, la selección y transformación de saberes científicos y disciplinares, objeto de su enseñanza y los actos de innovación y creatividad que demanda la didáctica moderna.

Las presiones ejercidas sobre el maestro son de diferentes tipos y procedencias, entre ellas podemos señalar las siguientes:

Legales. Implica el cumplimiento de la normatividad en cuanto al desarrollo programático; mayor preocupación en el cubrimiento de contenidos que en la calidad de los procesos de enseñanza y el desarrollo de las potencialidades de los alumnos.

Familiares. Los padres de familia generalmente desarrollan ciertas expectativas respecto a lo que quieren de sus hijos, crean sus propios paradigmas ideales y esperan que la institución educativa responda fehacientemente a las mismas. Por otro lado, un gran porcentaje de padres de familia, más de un 60%, en territorio Colombiano, están desfasados respecto a las exigencias de los nuevos "modelos pedagógicos" que abrogan teóricamente por una formación más centrada en el desarrollo de la autonomía del educando, por lo tanto, una participación directa en tales procesos es casi nula, porque no existe la preparación suficiente y actualizada para ello. Gradualmente, la familia Colombiana, ha ido perdiendo posibilidades de responder contextualizadamente los interrogantes y conjeturas de sus hijos, esto se explica si se tiene en cuenta las altas tasas de analfabetismo instruccional y tecnológico en que se debate la población Colombiana, grandes núcleos familiares se encuentran en estado de indefensión con relación a la información que deben manejar para enfrentar las inquietudes de las nuevas generaciones. Estas carencias son proyectadas a la escuela y maestros para que éstos, llenen tales vacíos, de allí el fracaso de muchos proyectos ostentosos como el de educación sexual, autonomía y participación, que no han logrado los impactos esperados, porque se han quedado en la mínima etapa instrumental. En lo atinente al enfoque de la sexualidad, asistimos a una práctica indiscriminada de la misma, desde la adolescencia, incluso, mucho antes, trayendo como consecuencia, tasas de natalidad a temprana edad, incremento desaforado en las tasas de SIDA y el incremento desaforado en las tasas de SIDA

Las pruebas de Estado. Una de las fuentes mas sentidas de presión sobre la institución y los docentes lo constituyen las pruebas de Estado, realizadas por el ICFES. Es una presión que afecta a toda la comunidad educativa. Alrededor de estas pruebas se ha desarrollado un profundo proceso de sacralización y mitificación. La siente el futuro bachiller, cuya posible oportunidad de ingresar a la universidad depende de los puntajes logrados en tales pruebas; la siente el padre de familia por la misma razón: pero por encima de todo, la siente el maestro, porque tanto los padres de familia, como la institución educativa y la sociedad en general, tienden a responsabilizarlo de los resultados obtenidos por los alumnos, especialmente cuando tales resultados están por debajo de las expectativas creadas. La sienten también los directivos de los planteles, porque la obtención de determinados promedios o categorías, en los puntajes de sus bachilleres, es usado generalmente en nuestro medio, para calificar las instituciones educativas como buenas, regulares o malas; es decir, se tipifica mediante la sanción social, ya que dichos resultados son divulgados a escala nacional, sin mediar o tener en cuenta otras variables, situaciones o factores, que juegan papeles importantes en la calidad educativa.

4. Rutinización de la actividad docente

La rutina se ha convertido en uno de los "riesgos ocupacionales" más preocupantes de los últimos tiempos y quizás el mas peligroso, por el mismo hecho de ser sutil y formar parte de la cotidianidad del maestro:

Actividades de culminación reuniones

- El mismo maestro.
- Las mismas asignaturas.
- Los mismos grados.
- Los mismos salones.
- Los mismos contenidos.
- La misma enseñanza.

calendarios, cronogr
ciclos escolares
enseñanza.

Cuando esto sucede, se propicia una ruptura entre el docente su saber y quehacer pedagógico. Se desvincula de sus conocimientos porque estos no ofrecen nada nuevo, no lo estimula a recambiar su cognición ni comprometerse con actividades de perfeccionamiento y actualización disciplinar y pedagógica, salvo el caso, que le sirvan para ascender en el escalafón docente, la reflexión, cuestionamiento y crítica, propio de las mentalidades abiertas, han quedado en una especie de limbo o vacío intelectual. La mayor parte de los conocimientos y estrategias que utiliza son "cadáveres de conocimientos". Cuando esto ocurre, el docente se desvincula de su propia práctica, pues el saber como algo vivo, dinamizador y personal en continúa construcción para ser fomentado y compartido con los compañeros y alumnos, es parte fundamental de esa práctica.

Tales ciclos de rutinización se relacionan a su vez, con los ciclos de la historia personal, familiar y social del docente.

No es posible pensar que un docente mantenga siempre el mismo nivel de motivación, que encuentre algo que le permite romper la rutina de la vida escolar, sin el apoyo de estímulos profesionales que lo lleven a resocializar su propio trabajo y los aportes que este ejercicio pueda propiciar a sus colegas.

Sin embargo, es necesario reconocer por lo menos para el caso colombiano, que los docentes, han conquistado espacios muy importante y de trascendencia internacional, tal es el caso del "Movimiento Pedagógico", escenario de debates, reflexiones y producción intelectual sobre las temáticas y problemas más candentes de la actualidad educativa, hoy, un poco minimizado por la misma situación que vive el país.

5. Inseguridad frente al reto de la producción intelectual

Es frecuente que el maestro internalice los prejuicios y estereotipos construidos culturalmente en la sociedad sobre su propio quehacer y que en un momento dado, llegue a ignorar e incluso, despreciar lo que un colega o él, plantean sobre la práctica de la enseñanza, los conocimientos y sobre él mismo.

El resultado de dicha actitud es no solamente, un cuestionamiento de su quehacer, sino la excesiva parcelación disciplinar que cada día domina los espacios escolares; que se vea presionado en su responsabilidad de enseñar a múltiples factores tanto internos como externos y además, que su identidad y sentido de pertenencia, se vea igualmente quebrantado.

Este cuestionamiento generalmente ocurre, cuando el maestro percibe el saber pedagógico, pensado y construido desde otros, generalmente, docentes que laboran en niveles educativos superiores, o como un discurso denso, difícil de llevar a la práctica cotidiana real en la institución donde desarrolla su quehacer.

Alrededor de las posibilidades reales de crear o recrear conocimientos por parte de los docentes, se ha originado toda una historia mítica, la cual ha incidido negativamente. Sólo a partir de la década de los noventa en la historia educativa del país, el maestro se aventura a sistematizar y exponer a la luz pública sus experiencias, proceso que no es espontáneo, sino por el contrario, obedece a toda una historia preparatoria y de maduración reflexiva de la comunidad académica nacional.

Avanzar en tal actividad, ha significado un redescubrirse así mismo como persona y profesional, sujeto de una actividad intelectual que le es propio y que como maestro, tiene una vasta y profunda experiencia que vale la pena compartir y confrontar. Es en esta actividad productiva donde el maestro puede reencontrar su motivación, dignificar los saberes que le son propios y reafirmar su sentido de pertenencia a una comunidad de saberes de la cual él es un sujeto activo y puede hacer una contribución desde su práctica.

Contrario a las viscitudes por la que atraviesa el magisterio nacional, sin embargo, la "Aventura intelectual" ha ganado terreno, se evidencia en los fondos bibliográficos de varias casas editoriales nacionales e internacionales, donde el maestro gradualmente viene ganando espacios de reconocimiento por la calidad de su producción, la misma, también es compartida en múltiples eventos académicos y científicos del orden nacional e internacional.

Hacia dónde debe enfocarse una propuesta de formación de educadores para responder a escenarios del siglo xxi

El contexto desde donde debe reflexionarse para construir atrevidamente una propuesta de formación docente, tiene mucho que ver con la crisis de la dimensión humana expresada en las múltiples evidencias de las limitaciones del llamado homo sapiens para sobrellevar con dignidad sus patrones de convivencia. No quiero abusar del lector presentando un listado de los indicadores del fracaso humano de la convivencia y de la distribución equitativa de la riqueza, del manejo del poder, de la participación y de la sostenibilidad del planeta. De lo anterior, sólo haré referencia al último punto, porque lo considero la expresión más cruda de la imposibilidad histórica del ser humano para interaccionar con su entorno bajo criterios de absoluta responsabilidad.

El ser humano ha creado complejos y monstruosos sistemas industriales especialmente en los países desarrollados para interactuar intensamente con aquellos en vía de desarrollo. Cerca de mil millones de personas, aproximadamente una sexta parte de la población mundial, vive en esos países industrializados, los cuales requieren por lo menos de un 75% de la producción mundial de energía para poder moverse. Estas sociedades están dejando profundas huellas de deterioro irreversibles en el sistema ecológico. Sin embargo y en forma paradójica, son sistemas sociales que han consolidado una cultura de la normatividad mediante la cual controlan en parte tan nocivo impacto. Lo paradójico de esta situación está en que la limpieza y control ambiental de los países desarrollados, se logra a expensas del agotamiento del medio ambiente de los países subdesarrollados, tercer mundistas y en vías de desarrollo.

Es muy claro igualmente, que a mayor desarrollo económico, mayor será la tasa de urbanización. Hoy una de tres personas en el mundo, vive en una ciudad, esperándose según los proyectistas, que para el 2025 existan unas 30 megalópolis con poblaciones superiores a los ocho millones de habitantes, ciudades de este tipo requieren infraestructura habitacional, de servicios y ambientes ecológicos muy complejos. El Banco Mundial estima que hacia el 2010 el parque automotor mundial será de un billón de vehículos con todas las implicaciones que estos tienen en las emisiones de contaminantes.

A la par de esta economía se desarrolla la economía emergente fundamentada en una alta contaminación industrial, sobreexplotación de los recursos renovables, intensa migración hacia las ciudades, falta de políticas coherentes y pertinentes en la preparación humana para enfrentar los retos de un medio vertiginosamente cambiante.

En el ámbito de los países subdesarrollados y tercer mundistas se practica una subeconomía de supervivencia, la que amenaza con incrementarse en forma galopante en el presente milenio, tal situación va generando peligrosamente una contra cultura del rebusque diario, la cual provoca presiones sobre el medio ambiente (agua, suelo y bosques). La OMS en sus informes, estima que la quema de basuras y estiércol sumado al intenso consumo humano de agua contaminada, causa ocho millones de muertes por año en los países más pobres. A esto se agrega los estragos humanos causados por las guerras y los desastres naturales que provocan una trashumancia de ciudad en ciudad, buscando oportunidades de vida. Mundialmente esos "refugiados ambientales" de las economías "emergentes" como la de Colombia, México y otros países de América Latina y de las "subeconomía" de supervivencia" llegan a los 500 millones de personas y anualmente, las cifras vienen aumentando. Las infraestructuras monumentales que se realizan en este tipo de economías (construcción de vías, puentes, complejos culturales, educativos, aeropuertos, etc.), se efectúan mediante préstamos a la banca internacional. Por lo tanto, una concepción integral del desarrollo sostenible real, no se vislumbra ni a corto ni a mediano plazo. De allí el porqué se considera que cualquier propuesta de desarrollo docente tiene que conjugar dicho fenómeno, porque es necesario reconocer categóricamente la profunda relación entre la problemática planteada y la concepción de educación que practican las naciones. En síntesis, nos encontramos enfrentados a la problemática de la formación humana y del papel de la educación y los educadores en la construcción de un nuevo hombre y mujer y de una nueva sociedad.

Un proyecto de formación de docentes debe principalmente desmitificar el concepto de "modelo de identificación" de sus alumnos. Lo único que un docente puede enseñar a sus alumnos es lo que él mismo sea: si es un repetidor tradicionalista y memorístico bajo ese paradigma de vida profesional y personal conducirá el aprendizaje de los alumnos; si es científico, podrá enseñar ciencia, propiciar condiciones pedagógicas para la investigación; si es ético, vital, humano y espiritual podrá enseñar ideales y valores. Por lo tanto, en esta tarea se impone como primera acción formativa e investigativa, propiciar ciertas condiciones para que el maestro se mire a sí mismo, que indague sin tapujos quién realmente es, lo que sabe, lo que puede, lo que siente y espera, para poder dar cuenta a sus alumnos, pues eso y solamente eso será lo que enseña.

La educación en general y la formación de docentes en particular, deben ser asumidas con una visión de futuro, considerando escenarios como los planteados, con una clara concepción entre lo que es verdaderamente desarrollo o crecimiento.

El avance de la ciencia, la tecnología, la modernización, postmodernización, manejo de información, nuevas concepciones del conocimiento, de la pedagogía y la didáctica, son aspectos que deben ser abordados reflexivamente por el docente, pero por encima de estos está la dimensión humana integral del sujeto cognoscente.

Existen algunas categorías que bien pueden ser consideradas en un proyecto de formación docente, a las cuales me referiré a continuación:

El docente debe tener bien claro *lo que enseña*, para ello es importante:

a. Conocer profundamente el proceso histórico que subyace en la construcción disciplinar.

b. Tener un conocimiento integral y sistémico de su disciplina, su concepción epistemológica, referentes teóricos y científicos que la caracterizan, hipótesis demostradas en la construcción de conocimientos.

c. Precisar la finitud del conocimiento y del ser humano, que implica el compromiso de un proceso permanente de búsqueda y constrastaciones de supuestos para reconocer, perfeccionar y proyectar el conocimiento.

d. Asumir con claridad y responsabilidad el estatuto epistemológico de su área de conocimiento, propiciando las convergencias necesarias con las otras áreas, para construir conocimientos más profundos y universales.

e. Tener un conocimiento integral de la pedagogía, sus leyes, principios, categorías y su articulación con el quehacer docente.

*   *¿A quién se enseña?* Es otra concepción que debe revisarse. La consignación de verdades absolutas en la cabeza del alumno, es un paradigma que ha perdido toda vigencia, tal concepción del tener y saber amerita ser desestructurada, construyendo

participativamente escenarios dialógicos, lo cual implica un conocimiento integral del otro u otros, articulando en dichos conocimientos el estado evolutivo del pensamiento de los estudiantes lo afectivo, valorativo, actitudes, los constructos y teorías previas, el contexto social, cultural y familiar donde interactúan y se socializan.

* *¿Cómo se enseña?* El saber enseñar actual, ha adquirido un nuevo sentido, una nueva esencia, hasta ahora qué ha primado en los diferentes momentos de aprendizaje?... enseñar a enseñar sin mucha preocupación sobre el qué, por qué y para qué se va a enseñar. Las condiciones actuales y futuras no permiten seguir soportando tal situación. Por lo tanto, el nuevo educador requiere:

- Un conocimiento profundo de las implicaciones didácticas que demanda la naturaleza epistemológica de su disciplina.
- Buscar las convergencias dialógicas de los elementos epistemológicos, teóricos, conceptuales y metodológicos, que impulsen el proceso de desarrollo.
- El verdadero sentido pedagógico del quehacer docente, por lo tanto, si es profesional de otra disciplina, debe acceder al reconocimiento que el ejercicio de la docencia, implica la formación permanente en otra disciplina que es la pedagogía, es decir, se es profesional de la pedagogía

* *¿Para qué se enseña?* Es el momento de tener respuestas claras sobre el sentido de su profesión como ser social e individual. Cómo, por qué y para qué llegó a ser educador (a) son preguntas que deben responderse con gran responsabilidad.

- ¿Llegó a esta categoría por convicción, vocación, accidente o necesidad de supervivencia?
- ¿Qué papel ocupa la dignidad de su ejercicio docente en el proyecto de vida?
- ¿Tiene claramente definida la función social del ejercicio de su profesión?

- ¿Cómo está su compromiso en cuanto a la producción de conocimientos científicamente reconocidos por la sociedad en general?
- ¿Su proyecto de actualización tanto en lo disciplinar como en lo pedagógico y ahora en lo tecnológico y manejo de fuentes y medios de información no convencionales, son parte fundamental de su proyecto de vida?
- ¿La formación permanente involucra el dominio de otras lenguas distintas a la nativa?

La existencia de debilidades pedagógicas en los docentes, no cobija exclusivamente a aquellos que llegaron a este rol por accidente, para sobrevivir o desde otras profesiones, tales falencias también son notorias en docentes formados profesionalmente para ejercer estas funciones. Sin una verdadera pedagogía no puede formarse al docente porque entonces, se le dificultaría entender las categorías planteadas en esta obra, conceptos tales como formación, educación, pedagogía, didáctica, currículo, investigación, quehacer pedagógico, evaluación y potencialidades humanas, deben ser enfatizadas. La concepción asignaturista del currículo amerita una profunda revisión, sería importante avanzar en la construcción de un enfoque donde el currículo sea concebido como la articulación de diversas hipótesis que la comunidad educativa plantea acerca del qué, cómo, por qué y para qué, en el avanzar hacia el logro de la misión y visión de la educación.

La tendencia de los escenarios de desarrollo con su carga de desigualdades, oportunidades e inequidades, requiere de un docente investigador permanente de la pedagogía, de su disciplina, de las macro y micro variables de desarrollo humano, social, cultural y económico, un profesional que domine el debate actual, la epistemología y la historia disciplinar; tener una profunda sensibilidad social, capacidad para contextualizar el conocimiento que orienta; capacidad para propiciar la construcción de verdaderos espacios de autonomía y participación condiciones básicas para tomar decisiones, producir y responder a los múltiples compromisos.

La democracia y la equidad, se construyen como posibilidades para encauzar un verdadero desarrollo educativo en todos los espacios sociales de la vida y del ejercicio profesional.

Otra categoría importante, es la pluralidad, como capacidad para interpretar la dinámica de los seres humanos, los procesos interactivos con el medio ambiente, con las tendencias y concepciones, que permiten avanzar hacia la concreción de espacios de convivencia interespecies e intercultural, entre otros.

En consecuencia, una propuesta curricular para la formación docente, debe propugnar por el rescate del desarrollo humano como eje articulador de la fundamentación pedagógica. Esto implica una renuncia abierta a los currículos asignaturistas, reubicando la dimensión de los saberes específicos que debe poseer todo docente en el conjunto de necesidades, dimensiones y competencias del desarrollo humano, articulando los planes de estudio en torno a problemas pedagógicos, a partir de los cuales sea posible estructurar líneas y proyectos de investigación, para ser desarrollados, mediante una convergencia sinérgica colectivizada, en donde sin perder la especificidad de los objetos concretos de investigación, el maestro participa activamente en la creación de la urdimbre teórica, metodológica, disciplinar e interdisciplinar.

Entonces, una concepción de desarrollo sostenido no es exclusiva para el abordaje de la problemática ambiental, ésta es mucho más sistémica y holística, debe comprometer todas las variables y todos los comportamientos que directa e indirectamente tienen que ver con el desarrollo, siendo la educación un componente de gran peso y entre ella, la formación de docentes.

La elaboración del futuro, exige un presente reflexivo, activo y de gran compromiso a la vez, en donde la propuesta de otra concepción de desarrollo, parece a veces, un gran foso existente entre la realidad y el deseo, pero en el fondo, es el principio de una larga marcha que en algún momento habrá de lograr sus objetivos.

Tal compromiso infiere la necesidad de estudios pedagógicos para los profesionales de las diversas disciplinas que desean desempeñarse como docentes, en cualquiera de los niveles educativos. La formación permanente en pedagogía es una condición de primer orden para realizar tareas educativas

En cuanto a las condiciones personales que debe reunir el docente, es y seguirá siendo una figura de identificación y modelo referencial para sus alumnos, por lo tanto, debe procurar poseer las condiciones personales muchas de las cuales han sido referenciadas en este trabajo y que la sociedad le atribuye como arquetipo cultural.

Con respecto a las condiciones profesionales, el primer requisito es el nivel académico, no es posible promover en los demás lo que uno mismo no es. Como modelo de identificación, debe poseer actitudes propias de los profesionales del área y además, manejar los procedimientos, las técnicas e instrumentos más avanzados en el campo en el cual se desempeña, mínimamente debe concretar el ciclo docente pedagógico, aspecto éste integrado de forma sistémica por cuatro procesos básicos: el diagnóstico, la planificación, la conducción y la evaluación.

Factor psicológico. El docente interactúa con otras personas en una institución determinada, en donde se manifiestan múltiples grupos responsables de actividades y planes de acción correspondientes a las programaciones y proyectos de los cuales son responsables, para poder realizar una integración sistémica, es necesario tener conocimientos en varias áreas de la psicología sin que ello implique la necesidad de ser psicólogo, pero las especializaciones de la psicología, si le van a permitir llegar a una mejor comprensión de la intersubjetividad del estudiante, por ejemplo, desde el campo de la psicología general, es posible comprender ¿qué es la personalidad, su estructuración, manifestaciones, la conducta y las relaciones entre ambas. La psicología evolutiva, le ubicará en la comprensión sobre las características de la etapa evolutiva en que se encuentran sus alumnos, cuáles son sus intereses, ideales, motivaciones y expectativas.

La psicología educativa, le permite analizar ¿qué es el aprendizaje, cómo se aprende, para qué se aprende?. La psicología social, le facilita la comprensión de la comunidad, su estructura, características, los roles, la interacción que práctica el estudiante, los grupos, la cultura, entre otros aspectos de la vida social en la que se desenvuelve el estudiante.

La psicología organizacional, le da una visión de la estructura orgánica de la institución educativa, la sociedad, los estilos de dirección, la cultura organizacional y la incidencia en los procesos formativos del estudiante.

La educación colombiana se encuentra abocada a un gran reto, el cual tiene que ver en el cómo integrar la fuerza formativa e investigadora tanto de los docentes en ejercicio como aquellos en formación a los desarrollos de los sistemas interactivos, donde la telemática, las autopistas y las redes de información cuya incorporación a la educación, genera nuevas formas y procesos en las prácticas pedagógicas. Aquí el compromiso ético de docentes y estudiantes, se pone en juego, para contrarrestar el desborde de los avances de la técnica sobre los fines formativos.

Es incuestionable como las redes informáticas y telemáticas, le han planteado a la pedagogía en general y a la didáctica en particular, muchas preguntas tanto para el trabajo teórico como para el práctico. Hay que reconocer que la pedagogía ha sido sorprendida con el proceso invasivo de la ola tecnológica, como mediación para el aprendizaje y el desarrollo del pensamiento, sin que al mismo tiempo, se hubiese desarrollado una concepción epistemológica y una teoría que explicara racionalmente su incorporación a la actividad formadora con la claridad suficiente, respecto a sus aplicaciones didácticas, por lo tanto, unos de los problemas cruciales se centra en la necesidad de transformar la naturaleza pragmática de los medios de comunicación e informáticos en mediaciones didácticas, en donde sean visibles los principios y categorías recurrentes en el proceso pedagógico. El debate frente a tal situación está planteado y es necesario abordarlo con todo el rigor del caso, dado que lo que se encuentra comprometido es la dimensión humanística del acto pedagógico.

No se trata de ninguna manera, que el docente, se adapte mecánicamente a ninguna tecnología para que pueda tener seguridad laboral. El esfuerzo de las políticas de formación permanente deben orientarse a que el profesor (a), desarrolle sus competencias en el "hacer saber; saber hacer y saber estar", es decir, utilizar los recursos consciente del papel que ocupan desde el punto de vista didáctico, en el proceso formativo, desde esa perspectiva, es posible minimizar el hecho de que el docente se convierta en un consumidor adicto a medios, sino en un innovador de procesos pedagógicos, con el apoyo didáctico de los medios.

En lo que respecta al papel de las redes vinculadas a la educación, es necesario clarificar lo que subyace en ellas, desde el punto de vista de su horizontalidad y flexibilidad comunicativa, están conformadas por personas que se encuentran formando parte de proyectos o programas, de determinadas instituciones, o en algunos casos, actuando como grupos de investigación independientes, con una infraestructura básica, cuyo interés principal es crear y consolidar unos espacios reales de diálogos donde se comparten y construyen saberes y experiencias, dando sentido a la relación teoría- práctica, mediados por una intensa relación dialogal, desde esta perspectiva, se afianzan como espacios sociales, en donde además de compartir conocimientos, también se socializan sentimientos, afectos, emociones y valores, dándoles a las redes un gran valor ético y de crecimiento humano e institucional.

En este ejercicio se materializa otro principio de la globalización, ya identificado muchos años atrás, por Alvin Toffler, cuando desde su concepción prospectivista vaticinaba: "el mundo será una aldea global"

Desde esta concepción pedagógica, las redes se convierten en otra alternativa para apoyar la formación permanente tanto en enfoques disciplinares, como en los interdisciplinares y transdisciplinares, los maestros (as) no deben seguir aislados, desarrollando trabajos individuales, es necesario la interlocución permanente con sus pares en cualquier parte del mundo, basta con que se apropien del valor heurístico de la tecnología informática, para incorporarla con propiedad pedagógica a su quehacer.

6

Percepción humana del docente

Hay un texto célebre de Nikos Kazantzakis y que lo cita Leo Buscaglia en su obra *Vivir, amar y aprender*, el cual posiblemente nos acerque al entendimiento de la faceta humana del docente, tan olvidada al momento de juzgarlo o describirlo, dice así:

> *El maestro ideal es aquel que se ofrece como puente que tiende a sus discípulos a fin de que, a invitación suya, puedan cruzarlo. Sin embargo, una vez que con su ayuda lo han franqueado, el puente se viene abajo clamorosamente. El maestro les alimenta entonces, a construir sus propios puentes.*

Hemos descrito con gran profusión, muchos de los aspectos que el maestro postmoderno debe tener en cuenta para poder mantenerse vigente en los escenarios y paradigmas emergentes que caracterizan la sociedad actual y del futuro. Sin embargo, no podemos entender el rol del mismo, ese personaje a quien se le asigna la gran responsabilidad de incidir en la llamada formación integral del estudiante, si dejamos de lado, su faceta humana, siendo precisamente este aspecto, el potenciador de su afectividad, comunicación, cognición y liderazgo y lo que es más importante, el aspecto que concretiza su verdadera identidad.

En apartes de este trabajo, hemos cuestionado la trivialidad con que se mira el afecto en el docente, desde la perspectiva de la fragilidad temporal en el contacto con el alumno, mecanizando o subsumiendo su capacidad afectiva. En este espacio quiero intencionalmente rescatar algunos elementos de la dimensión humana del actor en mención, los cuales serán vitales para contrarrestar los letales efectos que pueda tener la expansión irreversible de la ola tecnológica.

El primer elemento al que me referiré es el amor, entendido como esa capacidad de querer, gustar, comprender, respetar, proyectar afecto y calidez hacia el otro u otros.

Avanzar en una concepción del maestro (a) que ama, nos hace pensar en la necesidad de que él o ella se amen a sí mismo, pero no ese amor que representa el culto fetichista a la imagen corporal o a la personalidad y que por lo tanto, se pone al servicio de los vaivenes del mercado. Amarse a sí mismo, implica mirarse permanentemente hacia dentro, auscultando debilidades, pero también potencialidades que pueden conciliarse para sentirse bien y de esa manera, proyectarse a los demás, para compartir con el otro y otros lo que se es sin llegar a perder lo que se ha aprendido en la construcción personal o colectivizada.

Maturana, (1.997) nos dice que

> *el amor es el fundamento desde donde es posible lo que queremos hacer. Es una emoción, un modo de convivir es un fenómeno biológico. Ocurre en el fluir de las conductas relacionales a través de las cuales la otra, el otro, o lo otro, surge como legítimo otro en convivencia con uno. O, lo que es lo mismo, el amor es la emoción que constituye y conserva la convivencia social*[3]

---

3. *Formación humana y capacitación*. Dolmen. T.M. Editores. Bogotá. Colombia. Pg. 10

Con relación al tema del amor en los docentes, se evidencia la necesidad de relevar este aspecto como mediador en la construcción de una cultura de respetuosa convivencia, sobre ello quiero resaltar los siguientes aspectos:

- Necesidad de ser auténtico, no dejarse camuflar por los esquemas y estereotipos. Es necesario rescatar la espontaneidad, que permite decir lo que se siente y piensa y comprender lo que sienten y piensan las otras personas. Nos hemos dejado influenciar tanto por el sistema, hasta perder la perspectiva de mirarnos frente a frente con el colega y el alumno. El sistema nos ha moldeado de tal manera, que se ha olvidado quiénes realmente somos. El maestro debe dejar aflorar en el acto pedagógico, por muy sofisticado que sea éste, su dimensión humana: gozar, sufrir, reír y llorar con los alumnos, es algo que enaltece la labor del docente. He aquí el rescate de la espontaneidad.
- Desmitificar los estereotipos del contacto personal. Si algo deteriora la relación maestro-alumno-maestro, es el distanciamiento, siempre presionado por los esquemas culturales que determinan la concepción de lo bueno y lo malo. El distanciamiento, es el fenómeno más dramático del siglo que terminó y el que estamos transitando. Volver a ser otra vez humanos y disfrutar de esta condición, es algo que en las instituciones educativas, debe cultivarse; el saludo afectuoso, los abrazos y besos fraternales, llenos de calidez, las palmadas amistosas, son estímulos afectivos que reafirman nuestra condición humana. Compruébelo con sus alumnos y notará que esto actúa como una especie de bálsamo. No se trata de una sacralización del afecto, porque entonces, perdería su esencia. Es importante, concebir o matizar nuestras frías clases de matemáticas o de tecnología de alto nivel, con este componente. De allí el porqué me inclino a compartir la propuesta que hacen algunos autores como Carl Roger y Erich Fromm de construir verdaderos escenarios pedagógicos y estilos de aprendizaje, en donde converjan las ciencias, las disciplinas, los conceptos, las metodologías, las teorías, prácticas y tecnologías con el amor, la comprensión,

la ternura y el autorreconocimiento; independientemente del nivel educativo en que se interaccione.

- Cuando un maestro construye su propuesta pedagógica centrada en el amor, se aparta un poco de la esclavitud de las necesidades materiales. No intento hacer una apología al renunciamiento de vivir dignamente en el plano de lo material, sólo busco reafirmar que existe otra perspectiva en la vida, que es la humana. Lo cierto es que ocupamos más del 90% de nuestro tiempo, tratando de satisfacer nuestras propias necesidades materiales y la de nuestros hijos, pero las exigencias de nuestra interioridad, las relegamos a un segundo plano. Nos hemos olvidado de mirar profundamente a nuestros semejantes. A los alumnos, prácticamente los hemos cosificado y así se ha hecho lo mismo, con los hijos, familiares y amigos. Esto ha traído como consecuencia, el desarrollo de una contracultura de la desconfianza, el recelo, el temor y la indiferencia. Los niños llegan al preescolar, tomando biberón y con pañales desechables, van creciendo llenos de dudas, conjeturas e hipótesis sin resolver. Los mayores deciden las metas que deben cumplir y si las revisamos, por ningún lado, encontramos una preocupación explícita de crecimiento de este ser como persona. Se programa para ellos, una cultura de logros y metas, olvidando que la vida es una viaje. Muchas veces, el docente puede estar entre 50 alumnos, en su salón de clases, pero si reprime este sentimiento humano, es posible que sea presa de una constante soledad. Conozca a sus alumnos; practique el verdadero sentido de la formación integral. Me parece importante traer a colación un planteamiento de nuestro Nóbel de literatura, Gabriel García Márquez, en los siguientes términos:

La humanidad entrará en el tercer milenio bajo el imperio de la palabra.

No es cierto que la imagen esté desplazándola ni que pueda extinguirla. Al contrario, está potenciándola[4].

- Aprender a disfrutar y reconocer el trabajo de sus alumnos. Es lamentable que un docente desarrolle esta actividad sin gustarle. Que esté en ella, por pura casualidad. Si no somos capaces de sentirnos renovados cada mañana, como si fuera la primera vez y con una cierta sensación de emoción, porque cada experiencia es nueva y diferente, entonces, dejemos a un lado la profesión de educadores y pongámonos a hacer otro tipo de actividad. En esta profesión, para que el maestro, verdaderamente contribuya al desarrollo integral del alumno, debe propiciar un permanente acercamiento, que le permita reconocer el trabajo individual y colectivo de los mismos, tanto en sus aciertos como en sus fallas, pero siempre, en un tono coloquial y constructivo.

- El verdadero sentido de la autonomía, está en que como docentes seamos nosotros mismos, y dejemos a los alumnos, ser igualmente, ellos mismos. Para lograr un verdadero aprendizaje, hay que ser libre. Autonomía para experimentar, movernos en diferentes escenarios y tiempos, para probar y aún, para equivocarnos. El maestro no debe ofrecer sus tópicos, debe facilitar el que el alumno descubra y conquiste los suyos.

- El educador deber ser un convencido de la dialéctica del cambio. El cambio es factible, si no lo creemos así, entonces, olvidemos el oficio de enseñar. La educación debemos concebirla como un proceso permanente de cambio. La interacción disciplinar, conceptual, metodológica, tecnológica, práctica y humana con los estudiantes, provoca cierta transformación en doble vía. Sin embargo, en muchos casos el docente pasa desapercibido este aspecto, porque sus esquema cognoscitivo sólo le permite valorar qué tanto sabe disciplinarmente el alumno. La renovación dialéctica no es única para el alumno, el docente, también sufre

---

4. *Iberoamérica conoce.* Número 3. Santa Fe de Bogotá Septiembre 1997.

este cambio: Hoy entró a las 7:00 a.m., siendo uno y cuando salió a las 12:00 m., era otro, aunque perceptiblemente no lo crea así: De allí el porqué el acto de aprender en un aula de clases no es unilateral, por el contrario, es multilateral. Hay tanta información en los libros qué asimilar, tantas cosas qué tocar, tantas maravillas qué ver y tantos cantos, ruidos y sonidos que escuchar, el contacto con cada uno de ellos, nos convierte en seres humanos diferentes. Aquí caben las siguientes preguntas:

* ¿Soy realmente lo que soy?
* ¿Soy lo que aprendo constantemente?
* ¿Soy lo que las otras personas me han dicho y quieren que sea?
* ¿Realmente, quien soy?

El poder de la palabra en la construcción del otro

uántas veces en un acto pedagógico se le dice a un estudiante delante de sus compañeros, que el trabajo académico realizado no sirve o lo que ha expuesto o dicho acerca de un tema, no tiene ningún valor? ¿Cuántas veces se repite esta escena con el mismo alumno? De tanto repetirse una y otra vez, el alumno termina convencido de que no vale nada, su autoestima siempre estará por el suelo, al igual que su motivación e interés. Caso contrario, suele suceder cuando alabamos públicamente y en forma reiterada las virtudes académicas de los alumnos aventajados. A lo anterior se agrega, la incapacidad para el diálogo que muestran algunos docentes, en especial cuando se sienten auténticos transmisores de la ciencia y la teoría. Se cree el dueño absoluto de la palabra, convirtiendo su acto pedagógico, en verdaderos monólogos, en donde las opciones y puntos de vista de los estudiantes no tienen cabida. Para minimizar tal situación, se ha intentado matizar la clase magistral con el debate, sin embargo, resulta sumamente difícil pasar de la actitud receptiva del oyente a la iniciativa de la pregunta y la oposición, por lo tanto, el éxito es muy relativo. En un escenario pedagógico donde confluyen muchos alumnos (40-50 en nuestras instituciones), el diálogo colectivo cumple una función muy limitada, pero para subsanar esta falencia, el docente debe utilizar el diálogo individual, coloquial, familiar, preventivo, de negociación y conciliación. Este ejercicio debe ser practicado con cierta frecuencia, sin llegar a producir dependencias. El maestro permite incapacidad para el diálogo, cuando no logra entrar en verdaderas comunicaciones con los estudiantes, en donde la capacidad de escucha se encuentra totalmente minimizada.

La excesiva exposición y contacto con la tecnología puede atrofiar el lenguaje, ese lenguaje que implica hablar a alguien contestar a alguien, es decir: conversar con alguien.

Siempre he creído que no existe en el mundo una obra que emane más comunicación que el ser humano, por lo tanto, me parece importante que en ese proceso de relación dialógica maestro-alumno, el primero tenga un profundo conocimiento de las etapas que se refieren al crecimiento y potencialidad hacia el logro de una plena cualidad de humanos, y que el proceso de búsqueda de este conocimiento sea compartido y recreado por los alumnos: ¿Qué tanto se conoce de la infancia, la niñez, la adolescencia, la adultez y la ancianidad? Posiblemente muy poco. ¿Cómo se concatenan estas etapas, y qué interiorizaciones y exteriorizaciones de las mismas, se dan en la ontogénesis de cada individuo?

La educación y mucho más, la familia, han estado muy apartadas de estos contextos. Pensar en el recorrido histórico de un milenio, ritualizado por el auge tecnológico, amenazante de la condición humana, es una oportunidad, para repensar el sentido de la vida y asumirlo como un estado activo del ser y un siempre cambiante estado del llegar a ser. Un proceso continuo de creernos a nosotros mismos, para hacer frente a las demandas del presente y a las del futuro.

Es importante resaltar que cada etapa lleva consigo sus propias y únicas implicaciones, requerimientos y potencialidades. Sólo se podrá ser una persona actualizada, si cada etapa es vivida y se logra de forma completa.

De esta manera, las respuestas a las preguntas planteadas y que cobran gran vigencia en el proceso educativo, se manifiestan en no lo que significa ser un adulto maduro en pleno funcionamiento, sino específicamente qué constituye al infante, un niño, un adolescente, un adulto y un anciano, en pleno funcionamiento.

Las personas en pleno funcionamiento sienten permanentemente la profunda necesidad de comunicarse. Este es, otro dato importante para el maestro. El alumno intenta una y otra vez, expresarnos quién es, mediante lo que dice y hace. La incomprensión e indiferencia a estos procesos comunicativos, pueden ser asimiladas por el estudiante y exteriorizadas en forma de rebeldías, aislamiento, e incluso, soledad, son las manifestaciones contestarias de los estudiantes

La comunicación es un acto supremamente complejo y de profundas implicaciones en el otro y otros, incluso, algunas palabras matizadas de tonos especiales y acompañadas de ciertos gestos, pueden convertirse en una trampa, o por el contrario, en una especie de elixir para fortalecer la motivación y autoestima del otro u otros

El docente debe estar seguro de que al comunicarse con sus alumnos, exprese realmente lo que quiere expresar. La vaguedad e imprecisión en los mensajes que transmite, pueden producir miedo, inseguridad, rechazo, burla e incredulidad. El docente no sólo debe escuchar las palabras que dicen sus alumnos, colegas u otras personas, sino también escuchar las que él mismo dice.

"En el espectro de la comunicación con todas las implicaciones tecnológicas, el diálogo, por su fuerza afectiva, adquiere matices de profunda relevancia" En Noviembre de 1997, tuve la magnífica oportunidad de compartir experiencias pedagógicas y humanas con un selecto grupo de profesionales de la Medicina, Derecho, Contaduría y otras disciplinas, igualmente algunos estudiantes de pregrado, en el recinto de una universidad en Barranquilla. Se trataba de la última jornada del seminario programado y hacíamos un recuento de las experiencias desarrolladas y sistematizadas en torno al tema de *la comunicación como eje de las relaciones humanas,* considerando los diferentes planos en que se da la comunicación en la Universidad. En el marco de las reflexiones finales, un participante, médico, pidió la palabra para ejemplificar el valor de la comunicación, partiendo de una investigación realizada en una ciudad costeña sobre identificación de factores de riesgos relevantes en las comunidades, encontrando, que más del 50% de la muestra investigada, presentó la falta de comunicación en el seno familiar, como causa fundamental en el deterioro de la calidad de vida; seguida de otros aspectos de la misma connotación, tal es el caso de la violencia conyugal y el medio social". El médico subraya que "tal situación amerita considerar el problema de la comunicación, como una patología de profundas implicaciones en la salud mental y aún física de las personas". "Los médicos debemos incorporar el diálogo afectivo como alternativa preventiva y curativa para muchas enfermedades"

La concepción de uno mismo, de los demás y la sociedad se aprende en la familia y se reafirma en el contexto social incluyendo la escuela. La condición de ser padre o madre, no puede ser enseñada por nadie. De pronto un adolescente de escuela secundaria, aquél que ha sido actor de la llamada "educación sexual", se encuentra desempeñando este rol, casi sin darse cuenta.

De su imaginario escolar, lo puede sacar su tutor disciplinario, cuando ante una falta cometida le diga: "ya no puedo llamar a tu acudiente, para que responda por tus actos, tu vas a ser padre y por lo tanto, decides en forma total sobre tu destino". Maslow tiene una posición que me parece interesante traer a colación, para reafirmar la importancia de la autonomía en la consolidación de la identidad.

> *Todos debemos atrevernos a construir o elaborar algo con nuestras propias manos, luego ponerlo en nuestro frente y decir: Es una prolongación de mi existencia.*

Cuando vivamos la experiencia docente, de aumentar el aprendizaje de algún alumno especial, no lo hagamos evidente, mediante señalamientos a su familia o a él mismo. Este sería un mecanismo de refuerzo a las limitaciones. Pongámonos con los padres y compañeros de curso, manos a la obra y hagamos lo mejor que podamos por él, conjuguemos el método y las estrategias de aprendizaje con el amor y la comunicación y es posible que obtengamos resultados sorprendentes. Recordemos la concepción del médico en el seminario:

La comunicación y el amor, serán estrategias preventivas y curativas, para las enfermedades.

8

Estilos de aprendizaje
en las sociedades del conocimiento

Uno de los mayores logros de la pedagogía del siglo XX, es haber demostrado que el aprendizaje y la enseñanza no son dos caras de la misma moneda. Presentan grandes diferencias. Lo que puede enseñarse debe enseñarse y así será aprendido, pero lo que puede ser aprendido debe ser aprendido. Con esta nueva concepción, el énfasis se ha ido trasladando hacia el aprendizaje, desvertebrando la primacía que ha tenido la enseñanza a lo largo de varios milenios, a pesar de esto, es muy poco lo que se conoce de ella, observar el procedimiento metodológico que utilizan los docentes magistrales de hoy, no difiere mucho del utilizado por los maestros hace tres mil años. Nadie ha logrado descubrir un método para modificar lo que hacían. Sin embargo, desde finales del siglo XIX, se ha gestado un marcado interés para desarrollar hipótesis y construir conocimientos sobre el aprendizaje, llegando a la concepción de que el aprendizaje es tan personal como las huellas digitales. No existen dos personas que aprendan exactamente iguales. Cada uno tiene sus propias estrategias perceptivas, estados motivacionales, distinto ritmo, distinta capacidad de atención y a su vez, distintas potencialidades. Si hay imposiciones homogéneas en cuanto a estímulos, velocidades y ritmos para aprender, es posible que se aprenda poco, mucho o nada y como resultado, la mayoría, podría manifestar estados de fatiga y resistencia. Cada persona, en su mundo diferenciado, desarrolla diversas estrategias para aprender lo que le interesa. En el discurrir histórico del aprendizaje de la matemática, lo que más recordamos es el aprendizaje de las tablas. En dicho ejercicio, el conductismo tuvo la responsabilidad, mediante el ejercicio y la repetición, para llegar a la mecanización. Pero cuando se trata de un matemático, estos no aprenden las tablas o las otras operaciones matemáticas, las perciben, igual sucede con los músicos o pintores, por ejemplo, los que no tienen un potencial claramente definido para deportistas, deben aprender por el mismo procedimiento, los pasos fundamentales de cada actividad. Pero algunas cosas tienen que ser enseñadas. Siempre se requiere un maestro que identifique las potencialidades y una vez identificadas conjuntamente con el alumno, construir los escenarios pedagógicos donde éstas tendrán que fraguarse. La esencia de la educación no está precisamente en atiborrar de conocimientos a los alumnos, sino ayudarles a descubrir su propia unicidad, a enseñarles cómo desarrollarla, para luego orientarles cómo transmitirla a los demás. El sistema educativo y por lo general sus agentes los docentes, siempre han estado buscando que cada alumno en un aula de clases se parezca a los demás. La máxima histórica del maestro tradicional, ha estado centrada en demostrar que dicha unicidad no le interesa, su objetivo básico es la transmisión de sus ideas, y en la medida en que los alumnos las puedan copiar y más aún, las puedan repetir con sus signos de puntuación, habrá sido, o no, un buen profesor. Sobre este aspecto de la unicidad y de las potencialidades de los alumnos, quiero referenciar un relato fantástico que Leo Buscaglia ejemplariza en sus conferencias el cual hasta cierto punto es muy conocido por el cuerpo docente, se denomina, *La escuela de animales* y dice así:

Un conejo, un pájaro, un pez, una ardilla, un pato y otros animales, decidieron fundar una escuela. Todos se pusieron a discutir qué sería lo que se debía enseñar. El conejo insistía en que la carrera debía figurar como asignatura. Lo mismo hizo el pájaro con el vuelo; el pez con la natación y la ardilla con la trepa de árboles. Todos los demás animales querían también que sus respectivas especialidades constásen en el repertorio de disciplinas. Hecho de este modo, cometieron el error garrafal de que todos los animales habían de seguir todos los cursos. El conejo se comportó magníficamente en la carrera; ningún otro podía correr como él. Pero se dijeron que enseñar al conejo a volar era algo positivo, intelectual y emocionalmente.

Consecuentemente se empeñaron en que el conejo aprendiese a volar. Le pusieron sobre una rama y exclamaron: "vuela conejo". Y el pobre animal saltó al vacío, se rompió una pata y se fracturó el cráneo. Como consecuencia de la caída, ni siquiera pudo ya correr decentemente bien. En vez de un sobresaliente en carrera, sólo obtuvo un aprobado, y en vuelo le suspendieron. El comité de estudios seguía entusiasmado. Con el pájaro ocurrió algo parecido: volaba a su antojo, haciendo toda clase de piruetas en el aire, por lo que era candidato seguro al sobresaliente. Pero quisieron que el pájaro excavara agujeros en el suelo como un topo. Naturalmente se quebró las alas, el pico y todo lo demás, por lo que ya no pudo volar satisfactoriamente. El comité se contentó dándole un simple aprobado en vuelo, y así sucedió con todos los demás animales. ¿Adivináis cual fue el alumno más distinguido de aquel curso? Pues una anguila retrasada mental, ya que lo podía hacer casi todo más o menos bien. La lechuza desapareció y ahora vota "no" en todas las propuestas de impuestos que tienen que ver con escuelas"[5].

Este relato, aparentemente fantástico, muestra en toda su crudeza, uno de los problemas más agudos, que evidencia el sistema educativo: "El desconocimiento de la unicidad de los alumnos". Todo ese potencial, se pierde a través del desagüe de la repetición y memorización homogénea. Cuando la persona, en nuestro caso, el alumno

---

5.   *Vivir, amar y aprender*. Editorial Diam Santa Fe de Bogotá. Colombia. págs. 23-24

y la alumna aprenden a conocerse así mismos, también aprenden a amarse y cuando llega a este punto, no se contenta con ser único, desarrollar su individualidad y luchar por mantenerla, sino por el contrario, desea ser muy grande para proyectarse de igual manera, a los demás.

Cuando el docente y el alumno, llegan al punto de autorreconocimiento de quienes son y recuperan su propio respeto y dignidad humana; reconocimiento de que todo procede de uno mismo, es sólo entonces, cuando verdaderamente estos actores del acto educativo, pueden darse a los demás.

Es hasta cierto punto comprensible que una sociedad como la nuestra, tan alienada por la ola tecnológica, por los esquemas y estereotipos culturales, muchas preguntas de las generaciones modernas y post-moderna, se encasillen en lo siguiente: ¿Quién soy realmente? ¿Qué significa mi existencia? ¿Por qué todo el mundo anda tan agitado? nadie mira a otro de frente, nadie se toca, a veces nos asustamos con la propia sombra. Hay tanta gente..., los cálculos de los proyectistas se han desbordado, pero al mismo tiempo, la gente se siente sola. La soledad es un escenario humano, que debe considerarse abiertamente. Ante este panorama es totalmente irreversible la presión tecnológica sobre el comportamiento humano.

Las instituciones se verán forzadas de modo creciente a utilizar los ordenadores, la televisión, los filmes, videos, las multimedias e internet, y comenzar a recrear la cultura virtual, como en efecto se viene dando, el boon tecnológico virtual... empresa virtual..., gerencia virtual..., escuela virtual..., universidad virtual... La prospectiva es que el docente ante semejante escenario, se convierta en un supervisor y un orientador, ayudante, facilitador. Es posible que la enseñanza temática disciplinar no sea lo prioritario. La hipótesis que podría plantearse frente a la invasión tecnológica en todos los espacios de la vida cotidiana, sería la siguiente:

*Si el libro impreso en occidente, desarrolló el amor por la
lectura; hizo posible para la gente de cualquier contexto social,
aprender a su propio ritmo; logró un gran acercamiento directo e
indirecto entre los seres humanos. "¿Producirán los ordenadores
y la tecnología conjuntamente, una explosión singular de amor
por el aprendizaje"? ¿Qué pasará con la afectividad?*

Aparentemente el ordenador, nos parecería más un dispositivo pedagógico mecánico, sin embargo no es así, es el triunfo de un paradigma
analítico y conceptual sobre el universo mecánico y que nos obliga a
trascender el propio modelo, avanzar hacia la percepción integral, tal
como lo ha venido planteando la escuela de la Gestalt, desde 1890,
primera escuela psicológica que llega a comprender que percibimos.
Desde entonces, casi todos los enfoques psicológicos han prestado
especial interés al análisis de la percepción.

Cada vez más, se va dando una especie de equilibrio entre lo conceptual y lo perceptivo. Hoy por hoy, hay un marcado interés por las
configuraciones, los signos, símbolos, modelos, lenguajes, mitos, etc.,
referidos a las interacciones de las potencialidades humanas, el universo mecánico y el biológico. Lo que sin duda, ameritará la creación
de nuevos escenarios pedagógicos y nuevos estilos de aprendizaje.

Estilos de pensamiento y de aprendizajes en el aula de clases

Para que los estudiantes se beneficien al máximo de las experiencias
de aprendizajes, la mayor parte de estas, deben armonizar con sus
estilos de pensamiento, aunque tal correspondencia no es perfecta
y que siempre es prudente desarrollar cierto grado de flexibilidad,
desde el punto de vista pedagógico, es esencial hacer coincidir la
aprendibilidad, la didáctica y la evaluación con los estilos de pensamiento que tiene el estudiante. Ello hace pensar que la diversidad
de mediaciones metodológicas, funcionan mejor con los distintos
estilos de pensamiento. Como señala Clark (1.985), citado por Por-

lán (1.997), "los estudiantes han sido vistos tradicionalmente como agentes pasivos que acumulan información y cuyo aprendizaje depende exclusivamente de la actividad del profesor. Sin embargo, se pueden identificar en los últimos años un conjunto de visiones alternativas. Al igual que los profesores, los estudiantes comienzan a ser reconocidos como transformadores activos del conocimiento y como constructores de esquemas conceptuales alternativos"[6]

No obstante el reconocimiento de la importancia del pensamiento del estudiante y la necesidad de tener en cuenta sus diferentes estilos, no es una práctica frecuente entre los docentes. Desde el punto del conocimiento didáctico, se sigue privilegiando la enseñanza sobre el aprendizaje y la personalidad del docente, sobre la del estudiante.

En el caso de los estilos es muy importante establecer distinción con las aptitudes. Los tipos de inteligencia, como la emocional por ejemplo, pueden representar o no un conjunto de aptitudes, por el contrario, los estilos no representan un conjunto de aptitudes sino un conjunto de preferencias. Es posible que preferencias y aptitudes lleguen a corresponderse o no, por ejemplo, cuando alguien quiere ser pintor, pero simplemente es incapaz de tener creatividad e inspiración para ello.

Son muchos los trabajos que se han realizado sobre dicha temática, tratando de dar luces para fortalecer tanto el conocimiento del sujeto estudiante, como el acto pedagógico per- se, uno de los más comunes es el denominado "estilo cognitivo, desarrollado por psicólogos cognitivistas, los cuales dieron algunas luces sobre la existencia de estilos diferenciados, sin embargo, tales trabajos estaban más enfocados a dar respuestas a la relación estudio de la cognición- personalidad.

Jerome Kagan, desarrolla en sus experiencias investigativas, el estilo impulsividad- reflexividad, con base en la pregunta problema: ¿Debe la persona realizar solo parte de la tarea sin ninguna falla o tratar

---

6. PORLÁN, Rafael. *Constructivismo y escuela*. DIADA, Editores. Sevilla, España. 1.997.

de hacer toda la que pueda a sabiendas de que se cometen errores?. Desde su aclaración, el autor, plantea que "la persona impulsiva es la que realiza la mayor parte de la tarea, cometiendo errores, mientras que una persona reflexiva, hace la tarea o parte de ella con precaución, tratando de no fallar en la misma, tal elección es más natural que consciente.

Estilo compartamentalizado. Cuando la persona le gusta clasificar, ubicar, compartimentar ideas o cosas en categorías discretas, rotuladas, etiquetadas. Es posible que la compartimentalización ayude a la persona a organizar su mundo, pero lo hace ser una persona muy rígida, donde la negociación tiene muy poca presencia para llegar a solucionar conflictos.

Estilo de integración conceptual. Cuando la persona trabaja su pensamiento relacionando, estableciendo conexiones, formando totalidades significativas, para poder tener una noción comprensible muy amplia de una determinada parcela de la realidad, aquí es muy claro que la situación no es que la persona posea habilidades para reunir partes, sino en que medida desea reunirlas.

Estilo explorativo. Según Gardner y Moriarty, es cuando la persona explora diferentes caminos buscando la evidencia de sus juicios u opiniones. Aquí vemos como en este constructo, estilo y aptitud son muy parejas.

Además del anterior movimiento hay uno centrado en la personalidad, tratando de comprender el problema de los estilos, entre ellas, referenciaremos dos:

*   La teoría de los tipos psicológicos, es una interpretación que se realiza desde los trabajos de Jung y llevada a cabo por Myers y Myers, derivándose la siguiente clasificación: extroversión-introversión; intuitiva - sensitiva; pensadoras - emotivas; observadoras - juzgadoras.

Esta teoría ha tenido una gran espectro de aplicación por la cantidad de combinaciones que es posible realizar, por ejemplo, personas que son al mismo tiempo sensitivas, introvertidas, pensadoras y juzgadoras, son serias y tranquilas y alcanzan el éxito mediante la concentración y la meticulosidad, son prácticas, ordenadas, concretas, realistas y fiables y que su vida exterior está más guiada por el pensamiento, mientras que la vida interior está más orientada por los sentimientos. Las personas intuitivas, extrovertidas, pensadoras y juzgadoras, supuestamente son cordiales, decididas y tendientes al liderazgo, se interesan por lo que piensan y desean los demás, procuran actuar con mucha consideración hacia los sentimientos ajenos, su vida exterior está más guiada por los sentimientos y su vida interior, por la intuición. Aunque la teoría ha tenido un uso generalizado en la educación, sin embargo, no deja ser cuestionada dada la tipificación que establece del individuo, desconociendo la dialéctica interactiva del individuo, lo cual lo mantiene en permanente cambio.

Considerar la presencia de estilos de pensamiento y de aprendizajes en el aula de clases, donde se fragua el acto pedagógico, es transitar por un camino, donde el estudiante debe desarrollar un pensamiento autónomo y crítico y de elaborar juicios propios para determinar pos si mismo que debe hacer en las distintas circunstancias que le presente la vida, este planteamiento es muy claro en el Informe Aprender a ser, preparado por la Comisión de la UNESCO, en 1.972, el cual queda sintetizado en la siguiente expresión:

> *El problema de la educación en el siglo XXI, no es tanto preparar a los niños y a los jóvenes para vivir en una determinada sociedad, como más bien, dotar a cada cual de fuerzas y puntos de referencias intelectuales y permanentes que le permitan comprender el mundo que le rodea y comportarse como un elemento responsable y justo[7].*

---

7. DELORS, Jacques. *La Educación encierra un tesoro*. Ediciones UNESCO. Quito, ecuador. 1.996. Pg. 117.

9

Docencia, globalización y estrategias pedagógicas globales

La expresión el próximo siglo, ha quedado atrás, de hecho hemos avanzado ya bastante en él. No conocemos todas las respuestas, pero sí conocemos los interrogantes. Es posible discernir los campos de acción que se abren ante nosotros. Vivimos uno de esos grandes períodos históricos que se dan cada doscientos o trescientos años, cuando la gente ya no entiende al mundo, y el pasado no basta para explicar el futuro. Estamos moviéndonos en una era poscapitalista, en la que las que las organizaciones empresariales tendrán que innovar rápidamente y ser de carácter mundial, un dinamismo similar en cuanto a su función social de globalizar el conocimiento y la formación de las generaciones de estudiantes, tendrán que asumir las instituciones educativas, cualquiera que sea el nivel en las que ellas se mueven, de lo contrario, podrían condenarse a desaparecer.

Peter Drucker

A pesar de sus alcances es muy ambiguo desde el punto de vista conceptual, el término globalización, algunos se refieren a él, como sinónimo de internacionalización o mundialización. Su tratamiento es más bien propio de las organizaciones productivas y de servicios de alta eficiencia y competitividad regional nacional e internacional. Es tanta su trascendencia que algunos la ven como un hecho de vida, porque la competencia ya no es sólo entre personas y empresas conocidas y cuyo progreso podemos seguir desde la empresa a la que pertenecemos. Hoy la competencia es contra todas las personas y entidades en todo el mundo.

Esencialmente lo que experimentamos de alguna manera, está afectado por la globalización y la educación, concebida y desarrollada desde las instituciones prestadoras de estos servicios, no escapan al influjo: La apertura económica desmesurada, sin disciplina social ni pedagógica, ha tendido sus tentáculos hasta las instituciones educativas, los organismos estatales reguladores de su funcionamiento, han sido inferiores a las demandas del fenómeno y es así como los efectos de la mundialización o globalización sobre nuestra cultura, se hacen supremamente evidentes. En Abril de 1997, tuvo lugar en Leipzig, el Simposio sobre la "Poscolonialidad en América Latina". En dicho escenario se debatió como tema central, la necesidad de adecuación que deben hacer los países con economías emergentes a los paradigmas de globalización. Este encuentro se constituyó en el segundo esfuerzo por abrir un debate generalizado sobre el tema, por las profundas implicaciones del mismo, en la calidad de vida y en la calidad humana. La primera reunión se llevó a cabo en Otawa el 24 de Octubre de 1996. Como resultado del evento, se sistematiza un volumen-memoria sobre *Mundialización, cultura, comunicación y alteridad*. Castillo Duarte Daniel (1997)[8].

---

8.   Abordaje crítico del problema de la profunda transculturización generada por la exagerada aplicación de los mecanismos de globalización, de espalda por lo menos, a la racionalidad comprensiva de más de un 60% de latinos. En el análisis se precisan tres ejes:
 •   *Interacción Norte - Sur,* con las consabidas consecuencias en las prácticas culturales latinoamericanas, con gran incidencia en la población joven y Colombia por lo

En el ámbito de la literatura, también se ha propiciado un efecto anticipatorio de las quejumbres del hombre latinoamericano, en los textos de autores como Pablo Neruda, Gabriel García Márquez, Octavio Paz, Manuel Puig, Néstor García Canclini, Eduardo Galeano, entre otros, se encuentran muy bien expresados, las múltiples encrucijadas en que se debate el hombre latinoamericano, frente a los desafíos de la mundialización. Una de estas encrucijadas es la educación. Esta tiene la gran responsabilidad de formar al hombre y la mujer, para esos escenarios, pero sin desnaturalizarlos. La competitividad de los mercados, obliga a la flexibilidad en la enseñanza, en los aprendizajes y escenarios pedagógicos, para poder propiciar el cambio de mentalidades que requiere el nuevo milenio.

> *El mundo de nuestro tiempo mundo convertido en mercado, tiempo del hombre reducido a mercancía ha celebrado la mayoría de edad. El 12 de Octubre de 1492, había nacido esta realidad que hoy vivimos a escala universal: un orden natural enemigo de la naturaleza y una sociedad humana que llama "humanidad" "a la quinta parte de la humanidad".*

> *Eduardo Galeano*

Para un período tan crucial de la historia, se necesitan nuevos paradigmas, porque los viejos ya no se ajustan a las circunstancias. En la educación no basta con remozar las legislaciones, es necesario construir otras alternativas, tal como lo venimos planteando respecto a la

---

menos, tiene un 24% de jóvenes. Los mecanismos de desnaturalización han sido el cine, T.V, la música, literatura, pintura, entre otros.
- *Excesiva presión tecnológica,* fenómeno éste que ha tenido notable incidencia en la economía latinoamericana. La mayor parte de las empresas (especialmente medianas y pequeñas), no estaban preparadas especialmente en su recurso humano, para asimilar la llamada tecnología de punta (informática, telecomunicaciones, información globalizada, internet, e -mail, etc).
- Las mutaciones en las relaciones interpersonales.
- Se prevé para el siglo que se inicia, una nueva adición en los seres humanos. La adición a la computadora, internet y comunicación interactiva.

enseñabilidad y la aprendibilidad. Los cambios son tanto en el orden interno como en el externo y ambos requieren nuevas habilidades, y perspectivas más amplias en términos de la gestión. El entorno tan cambiante, sugiere una institución educativa y un docente más perceptivo y orientado hacia la investigación, el aprendizaje, la sinergia, las alianzas estratégicas y la adaptabilidad. En la educación actual y futura, hay menos suposiciones especulativas y mucho más que debe descubrirse.

Los nuevos escenarios sociales, geopolíticos, económicos y pedagógicos, requieren poner en juego los estilos de pensamiento y las potencialidades de los seres humanos que tienen las naciones como reservas naturales de sus riquezas, para poder responder a tales demandas, para ello la educación debe promover el desarrollo de estilos de aprendizaje, consecuentes con dicha dialéctica, solo de esta manera, es posible hacer realidad el espíritu del informe de la UNESCO, desde esta perspectiva estaríamos trabajando por una educación planetaria, prescindiendo de los modelos tradicionales y utilizar la diversidad de métodos pedagógicos innovadores, interactivos y dialógicos a partir de los cuales sea posible fortalecer la dimensión humana, el mundo de los valores, los cuales pueden contrarrestar las fuerzas siniestras del fundamentalismo, del fanatismo, la explotación, subordinación el armamentismo y todas las implicaciones de la corrupción moral que afectan en muchas latitudes la sana convivencia.

Social y culturalmente, se requiere el desarrollo de competencias, destrezas y actitudes para lograr una mayor y mejor participación de las personas dentro de una estructura social, institucional y familiar que no sea tan autoritaria, concentradora de poder y alienadora como lo demuestra la historia.

Los escenarios pedagógicos y estilos de aprendizaje y de pensamientos flexibles, se manifiestan como tendencias dominantes en el siglo XXI, mediados por los escenarios interactivos y multiactivos, sin desconocer la trascendencia de los escenarios dialógicos donde se mueve la socioafectividad propia de procesos comunicativos directos, sin que ello implique la negación de tales emociones en la interactividad mecánica, pero indudablemente, el efecto de la misma en los sujetos ya no sería igual. El aprendizaje está notablemente influenciado por la información, ésta actúa directamente sobre perspectivas, creencias, actitudes y aspiraciones y no exclusivamente sobre el desarrollo de habilidades cognoscitivas y motoras como supuestamente lo plantean algunos tecnócratas.

Hay un planteamiento muy claro de Senge, que ejemplifica lo anterior:

> *Al crecer la interconexión en el mundo y la competitividad, el trabajo se vincula cada vez más con el aprendizaje.*[9]

Sobre esto, quiero expresar algunos puntos de vista, para la reflexión y el análisis.

Los escenarios pedagógicos y estilos de aprendizajes interactivos y multiactivos, deben familiarizarse con los siguientes aspectos.

- Las instituciones educativas al igual que las empresas productivas y la familia, son organizaciones inteligentes, abiertas al aprendizaje y al cambio y como tal, son holísticas.
- Interesa fundamentalmente, la concepción y manejo que la institución y el docente puedan tener de los conceptos: conexiones, aprendizaje personal, aprendizaje organizacional; compromisos recíprocos.
- Crear la cultura de los modelos mentales, escrutinio de la autoimagen: Cultura de la autoevaluación, heteroevaluación, coevaluación, la evaluación totalizadora y dialógica por competencias
- Crear las alianzas estratégicas para compartir misiones, visiones, metas, propósitos y valores, en la búsqueda de un verdadero posicionamiento, sin sacrificar las especificidades o llegar a la desnaturalización. Se trata de avanzar mediante la negociación, la palabra y la madurez psicológica, hacia la creación de esce-

---

9. SENGE, Peter. *La quinta disciplina.* Edit. Granica. Barcelona. España. 1996.Pág.11.

narios donde se identifiquen conjuntamente fortalezas, debilidades, oportunidades y amenazas y de esta manera, posibilitar las alianzas de proyección y posicionamiento integral.

- Fortalecimiento del trabajo en equipo. La experiencia ha demostrado, que los equipos de trabajo, cuando son sinérgicos, también se convierten en organizaciones inteligentes y desarrollan actitudes y competencias extraordinarias para la acción coordinada, y una gran disciplina para el aprendizaje basado en el diálogo, éste se convierte en una estrategia para que las personas aprendan a observar sus propios pensamientos.

- Frente a la globalización, el bilingüismo. Otro reto para la educación, lo constituye el manejo con propiedad de un segundo idioma, (mínimamente) oportunidad que no se le puede negar a ningún Colombiano. Lo anterior, totalmente articulado a la tecnología informática, por tratarse de situaciones de un mismo hecho sociocultural universal.

- Aprendizaje adaptativo vs-aprendizaje generativo. En estos escenarios no basta con estimular a los estudiantes para que sobrevivan académicamente mediante el aprendizaje adaptativo, yo alcanzo unos logros estipulados en determinadas asignaturas y programados para cierto tiempo; entonces, la institución y los docentes, preparan una serie de actividades remediales llamadas de "recuperación"[10] para poder alcanzar los objetivos trazados para los mismos. La contraparte, lo constituye el aprendizaje generativo, interaccional, dialógico e interdisciplinario, un aprendizaje que desarrolla las potencialidades creativas del sujeto.

Este tipo de aprendizaje no puede darse en aquellas organizaciones en donde las personas están dominadas por la inmediatez y la trivialidad. Generar, viene de producir, por lo tanto, el aprendizaje se ubica en la línea de la explicación problemática, desde la perspectiva

---

10. Conjunto de actividades que programa la institución educativa, para que el estudiante las desarrolle y de esa manera, logre los objetivos establecidos en una parte del contenido disciplinar. Dícese según el diccionario, de aquello que se puede recuperar cuando se ha perdido.

hipotética. Es un aprendizaje trascendente, que no se detiene únicamente en la percepción de la apariencia, sino que busca trascender hacia la esencia, de allí la ruptura con lo inmediato.

Los cambios profundos que estamos experimentando en todas las esferas de la vida humana, requieren una modificación fundamental de nuestra manera de pensar. Es necesario entender la naturaleza de los procesos de crecimiento y como debemos catalizarlos, pero de igual manera, es necesario comprender las fuerzas y retos que impiden el progreso y desarrollar estrategias viables para articularnos con dichos retos y en esto la educación tiene un gran compromiso. Necesitamos entender la inevitable interacción entre los procesos de crecimiento y los procesos limitantes, como lo plantea Maturana, "todo movimiento está siendo inhibido a medida que ocurre", esa es la manera como la naturaleza se comporta. Podemos, o bien trabajar con ella, o contra ella. Esto coloca en orden de urgencia, un trabajo intenso, coherente, biológico y comprometido desde todas las esferas sociales y menos mecanicista e individualista. Requiere ver como el cambio significativo generalmente empieza localmente y va creciendo con el tiempo. Requiere conocer la diversidad de personas que desempeñan papeles para provocar y sostener el cambio, personas que son líderes, pero muchas veces ignorados por las organizaciones. El liderazgo hoy en día es visión, así lo concibe Peter Drucker, incluso, en Proverbios 29:18, encontramos la siguiente expresión: "cuando no hay visiones, el pueblo se relaja"

Hoy, por hoy, el liderazgo de héroes, ha perdido reconocimiento, todas las organizaciones cuentan con muchos líderes en las diferentes esferas jerárquicas, por ello, es más adecuado hablar de comunidades líderes y la escuela sea cual sea el nivel de formación que promueve, debe tener en cuenta este potencial. Si bien es cierto que falta mucho por estudiar acerca del funcionamiento de las comunidades líderes, es también muy claro el punto de partida que buscamos establecer en esta obra: Pretendemos suscitar la reflexión de cómo las personas alimentan los procesos que alimentan el crecimiento y que naturalmente son las que van capacitando o facilitando el aprendizaje permanente de la organización para evolucionar y cambiar y cómo hacen frente a los procesos limitantes que pueden impedir ese crecimiento.

Por último, quiero referirme a los vínculos que deben establecerse entre la educación y los principios en que descansa el sistema de nuevos medios de comunicación así:

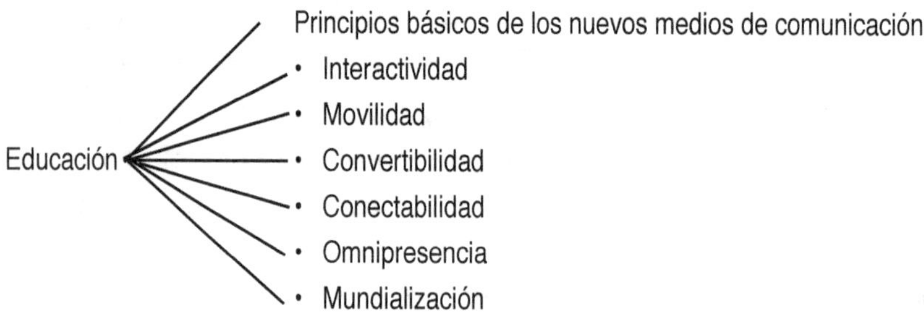

Sobre esta relación, y el papel que juega la escuela y los maestros, es muy poco lo que se ha investigado.

Si un país y en especial, el organismo que tiene bajo su responsabilidad la orientación de la educación, dejan pasar por alto las relaciones prospectiva entre dicho sistema y los medios de comunicación, es engañar a los educando que recibirán una formación bajo el influjo de ambos.

De allí el porqué, la educación ha dejado de ser un problema exclusivo de gobiernos, padres y maestros y se ha convertido en un asunto público, en donde el sector empresarial, los medios de comunicación y la comunidad en general, tienen gran ingerencia.

La población interactuante del presente siglo, debe ser muy conocedora tanto en teoría como en la práctica, de las estructuras informativas, como lo está en otros menesteres de la vida cotidiana. No se trata de que todo el mundo sea un experto electrónico, pero sí debe ser un conocedor de las funciones y posibilidades interactivas de los medios avanzados, incluidos los ordenadores. Indistintamente de la condición socioeconómica de los habitantes de un país, lo cierto es que si se quiere posibilitar mejores niveles de desarrollo, todos por igual deben tener garantizado este acceso.

Las preguntas e inquietudes que sobrevienen a lo planteado, las expreso a continuación:

- ¿Hasta dónde un gobierno de turno, tiene la suficiente claridad y voluntad para incorporar y movilizar una política de desarrollo educativo que haga converger en forma real los aspectos anteriores?

- ¿Cómo avanzar en las instituciones educativas de una cultura credencialista y una defensa de intereses corporativos particulares, hacia una cultura de la creación del conocimiento, mediatizado por escenarios pedagógicos, estilos de pensamiento y de aprendizaje, donde se consolide la convergencia de intereses, conocimientos, habilidades y expectativas, sin subsumir las especificidades de los interactuantes?

- Ya lo hemos señalado y lo reiteramos porque nos parece crucial. El conocimiento cada día se hace más dinámico, muchos "hechos" quedan obsoletos sin haber llegado por lo menos al 50% de la población. Para hacerle frente a esta carga de transitoriedad, los países desarrollados vienen creando nuevas herramientas tecnológicas y organizativas para impulsar la investigación y el desarrollo científico. Otras medidas se orientan a crear nuevas condiciones y estilos para el aprender. ¿Qué sucede en nuestro país al respecto, cómo controlar los siguientes indicadores de obsolescencia educativa?

- Por lo menos 60% de la población, no tiene acceso real a las tecnologías informáticas ni telecomunicativas

- Este 60%, que no tiene acceso real a la tecnología, aún transita pedagógica, social y económicamente por "la cultura de la escuela de tiza, tablero, dictado y consignación en libretas".

- Los docentes de estas instituciones desarrollan un quehacer pedagógico lleno de privaciones que comparten con estudiantes y padres de familias y con una gran incertidumbre, porque sobre sus humildes escritorios, reposan cúmulos de normatividades emanadas del gobierno central, las cuales muchas veces no son leídas ante la imposibilidad de su aplicación por la carencia de recursos y preparación.

- ¿Hasta dónde los docentes avanzan realmente en procesos investigativos que les permita abrir caminos al conocimiento de las potencialidades cognitivas de los estudiantes, el aprendizaje, la lógica y otros progresos intelectuales que van propiciando un efecto en la arquitectura del conocimiento y del pensamiento?
- ¿Cómo minimizar las contradicciones y brechas que produce avanzar hacia una sociedad del conocimiento, si se tiene en cuenta la reafirmación de la desigualdad en cuanto el acceso real al saber? cada vez hay que saber más y saber aplicar con certeza ese conocimiento, para poder saber, crecer y proyectarse.

Como decíamos anteriormente, la mayoría no tiene acceso al computador. ¿Será que llevando estos aparatos a las escuelas rurales y sectores marginados de las grandes urbes como las que pululan en América Latina, se resuelve el problema?. Creemos que no es así, el computador es una infraestructura y una cultura demasiado compleja y exigente. El arte de buscar, seleccionar, decodificar, utilizar información y lo que es más complicado, conocer su incidencia en la red de procesos psicológicos del ser humano, es muy complejo, por lo tanto, la concepción de la tecnología en la escuela, requiere otras direcciones que las simples operativas, porque de lo contrario, lo que se hace es una trivialización mecánica de la tecnología que en nada favorece el desarrollo que demanda en forma urgente sociedades en vías de desarrollo o subdesarrolladas.

Como vemos, el trasegar en un nuevo milenio, no sólo provoca incertidumbre y preocupación a las empresas mundiales productoras de Hardware y Software, sino también, en muchas otras áreas, para nuestro caso, nos referiremos a la psicología y la educación, la primera, por los desbordamientos en los casos de estrés, angustia y ansiedad, frente a la hipercomunicación, la producción de nuevos signos y símbolos con carga de significados y significantes y la segunda, por su competencia y responsabilidad en la formación de generaciones humana, que deben ser incorporadas a los escenarios sociales.

La percepción y el mundo de las relaciones interpersonales, serán prioritarias en las investigaciones que abordarán las comunidades científicas. La institución educativa también debe avanzar en estas líneas del conocimiento.

Frente a tal compromiso, siguen gravitando las preguntas clásicas: El qué, cómo y para qué? Tales preocupaciones colocan prioritariamente la preparación permanente del docente, que éste se prepare en forma responsable, para asumir semejante reto, de lo contrario, tendríamos que continuar lamentándonos, porque "el remedio fue peor que el mal".

10

Convergencias entre los escenarios pedagógicos, estilos de pensamiento, aprendizajes y maestros

La educación no puede marchar por caminos aislados a las fuerzas históricas que parecen imponerse en el ámbito universal. Es necesario tener conocimiento y establecer relaciones con las tendencias del cambio, de lo contrario, seguirá imperando el aforismo de que la institución educativa, "vive de espaldas a la realidad social". Es definitivo identificar desde la escuela y desde su herramienta de planeación estratégica, los P.E.I., el lenguaje de las tendencias dominantes, es decir, de aquellas que parecen tener mayor impacto sobre las sociedades actuales y sobre su futuro.

Para el desarrollo de este capítulo, referido a la convergencia que debe existir entre las categorías estilos de pensamiento, estilos de aprendizajes, escenarios pedagógicos, maestros y alumnos, la noción de escenario, la entendemos desde el punto de vista de una concepción epistemológica y operativa que facilita el entendimiento de lo que está pasando y lo que está por suceder en macro o microcontextos sociales, y la elaboración de los referentes interpretativos de tales acontecimientos.

Por razones metodológicas estos escenarios, que desde la perspectiva de la educación, los denominamos pedagógicos, por la responsabilidad que le asume a este disciplina de intervenir en su interpretación y articulación en los procesos formativos de los sujetos que transitan por los diferentes niveles de la educación formal, se clasifican en tres categorías:

a.   Escenarios optimistas y esperanzadores.
b.   Escenarios catastróficos
c.   Escenarios híbridos

A continuación intentaré operacionalizar cada una de estas categorías.

- Escenarios optimistas esperanzadores
  * Globalización
  * Sociedad del conocimiento
  * Feminización de las sociedades
  * Democratización
  * Desmilitarización de la nación
  * Autogestión social
  * Solidaridad
  * La educación
  * Fortalecimiento de la espiritualidad
  * Comunicación y afectividad
  * Nueva conciencia cósmica y eco lógica.
  * Surgimiento de nuevos movimientos sociales.
  * Desarrollo humano y social soste nido

		*	Avances en las teorías del lenguaje, del discurso, metadiscurso y co municación para interpretar la realidad.
		*	Crecimiento de la esperanza de vida.
		*	Nacimiento de un nuevo espacio social donde pueden reconocerse todos los acto-res entre sí.
•	Escenarios	*	Ampliación de la brecha entre ricos y pobres.
		*	Explosión demográfica.
		*	Destrucción del medio ambiente.
		*	Desempleo creciente.
		*	Fundamentalismos.
		*	Violencia generalizada
		*	Corrupción
		*	Avances en el sida
•	Escenarios híbridos	*	Derrumbe del estatismo y los pro cesos de privatización
		*	Renacimiento de la cultura mítica, religiones y creencias alternativas.
		*	Avance del individualismo y nar cisismo
		*	Expansión de la cultura multime dial e informatización de la socie dad
		*	Revolución biotecnológica
		*	Pluralismo e interdisciplinariedad en el pensamiento científico
		*	Replanteamiento en las teorías del aprendizaje.
		*	Descentralización y flexibilización de las organizaciones empresariales y estatales.
		*	Afianzamiento de las industrias culturales como un nuevo poder.

* Avance en los procesos de escola ridad y disminución de su calidad y eficiencia.
* Afianzamiento y expansión del sistemas regionales nacionales e internacionales de educación a distancia, aprovechando la multi plicación y diversificación de los medios de comunicación de masas.
* Crisis en la identidad humana.
* Avances en la creación de culturas paralelas o alternativas, entre jóvenes y marginados. La llamada cultura "Undergrand", junto con la pobreza, el desempleo, la segregación, drogas, homosexualidad, música metálica y otros.
* Repensamiento de los paradigmas vigentes. Los modelos mecanicistas y positivistas, dejan lugar a modelos biológicos, conceptuales, holísticos y sistémicos.
* Avances en la recomposición de las tipologías familiares.
* Crisis en la ideología del progreso.
* Mundialización de la economía.
* Avances de una nueva forma del proletariado: El intelectual.

Realizado el anterior ejercicio, las preguntas inquietantes son las siguientes.

* ¿Qué relación guardan estos fenómenos entre sí?
* ¿Qué mecanismos necesitará la escuela para poder contextualizar sus planes y programas de desarrollo estratégico con estos escenarios, logrando así crear mediaciones pedagógicas para los estilos de pensamiento y de aprendizajes en el proceso de formación integral?

Del mismo modo que el crecimiento tiene que ver cada vez más, con el uso programado de la ciencia y la tecnología, el subdesarrollo y la pobreza tienen que ver con el uso del conocimiento.

Si un país no tiene la suficiente claridad para articular la educación, con la economía, la ciencia, la tecnología, la cultura, la sociedad y su potencial humano y físico, tiene muy pocas posibilidades de salir de la pobreza. Es posible que un avance en la humanización del saber, permita clarificar caminos hacia el futuro, de allí el porqué en todo el discurrir de la obra, hemos dado prelación a la dimensión educativa, su vigencia y dinámica en todos los procesos que tienen que ver con el desarrollo social y humano. Jean Piaget, en la psicogénesis de los conocimientos y su significación epistemológica, resalta al valor de la interacción en la construcción de éste, en los siguientes términos:

> *Cincuenta años de experiencias nos han enseñado que no existe conocimiento resultante de un simple registro de observaciones sin una estructuración debida a las actividades del sujeto. Pero tampoco existe (en los seres humanos) estructuras cognitivas a-priori o innatas: sólo el funcionamiento de la inteligencia es hereditario y éste no engendra estructuras más que por una organización de acciones sucesivas ejercida sobre los objetos.*

La pedagogía actual en países como el nuestro, hace intentos por romper las arcaicas estructuras paradigmáticas en las que trasegó a lo largo del siglo XX y para ello, ha posibilitado un marco jurídico contenido en la Constitución de 1991, en la Ley 115 de 1994 y la Ley 30 de 1992, con la serie de Decretos reglamentarios en uno u otro campo de las mismas, sin embargo, la práctica ha demostrado que el solo ejercicio jurídico, no ha logrado las transformaciones anunciadas.

Los aportes de Piaget, al igual que los de Habermas sobre las teorías de la comunicación; las teorías de los paradigmas científicos de Kuhn; las teorías del consenso social y los análisis del discurso, que ponen en evidencia la formación social de las ideas; de igual manera, la importancia asignada al lenguaje, como aspecto fundamental del proceso del conocimiento. El empirismo lógico, la filosofía analítica, la lingüística estructural, el psicoanálisis Lacaniano, la semiología y la informática, han coincidido en afirmar las variadas formas en que los lenguajes organizados dominan el pensamiento la acción y el control de la realidad.

Aportes todos, que de alguna manera, han dado luces a la ambigüedad del proceso del conocimiento, lo cual atañe a la educación, al estado y por ende, a la escuela y los docentes, quienes son los que última instancia operativizan y orientan dicho proceso.

En los actuales momentos, en donde prima la necesidad que desde la educación se avance en procesos interactivos, con relación a los escenarios, los estilos de pensamiento y de aprendizaje, es importante comprender que el proceso del conocimiento no se deriva de una simple relación entre el sujeto y el objeto, es necesario avanzar hacia la compresión de la función del lenguaje y de la comunicación social, mediante los cuales se expresa el conocimiento y se institucionalizan las verdades. Las ciencias cognitivas, constituidas en las últimas décadas, han reforzado las tendencias interaccionistas y constructivistas. La inteligencia, uno de los aspectos más difíciles para su interpretación se concibe como una red compleja e interconectada. La estructura de los computadores y los avances en neurofisiología, contribuyen en la producción de la inteligencia artificial.

La cibernética y la teoría de sistemas, sirven como paradigmas para establecer relaciones entre los sistemas artificiales y los sistemas biológicos.

Desde un punto de vista metodológico, las investigaciones sobre el conocimiento siguen avanzando en la medida en que los investigadores puedan operacionalizar la observación en distintas dimensiones y en aspectos determinados de las mismas.

Si los filósofos modernos no se hubiesen comprometido tanto, con el estudio de las percepciones, la racionalidad y la subjetividad, hoy, se supiera muy poco de la inteligencia. De igual manera se podría decir de las exploraciones sobre el inconsciente o sobre la lógica de los procesos sociales o de los procesos educativos.

El mundo de las interacciones, sobre procesos tan complejos es supremamente difícil de explicar y predecir, sin embargo, tales escollos no invalidan la hipótesis de que el proceso del conocimiento no pueda explicarse objetivamente partiendo de alguna dimensión en particular.

Visión holística en el proceso del conocimiento

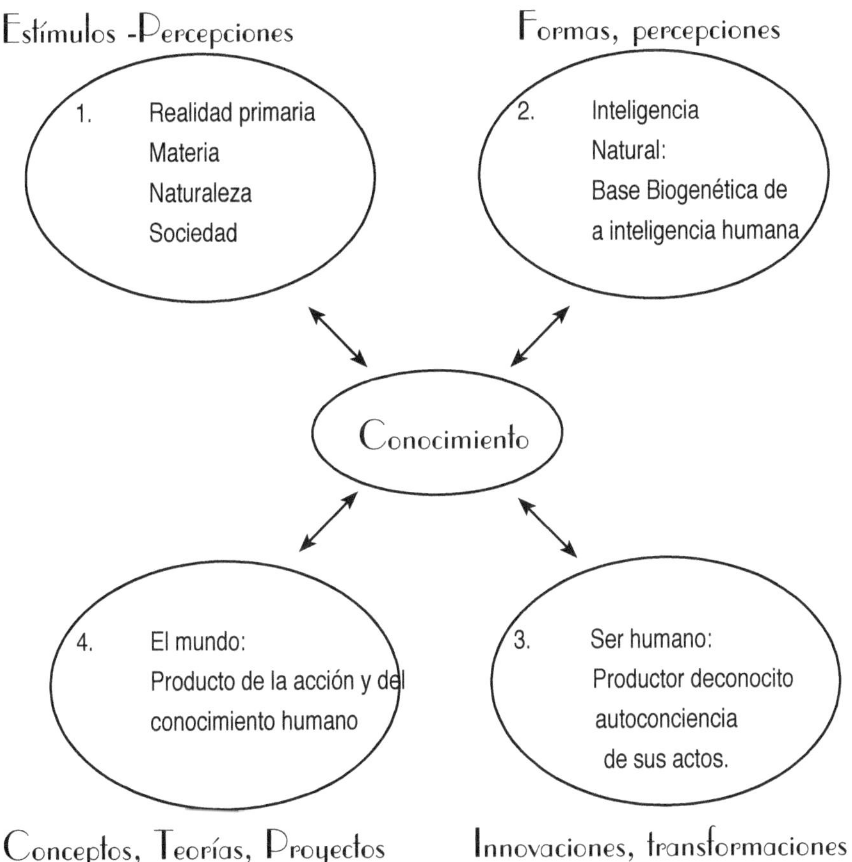

La articulación sistémica de estas cinco categorías, permiten inferir que el mundo en el que interactuamos ya no es una realidad primaria y el ser humano orgánico, ha sido socializado. Los estímulos e informaciones que nos llegan, provienen de la televisión, edificios, automóviles, sistemas sociales, económicos, políticos, culturales, internet, computadores, teléfonos celulares entre otros, todos ellos creados por el ser humano. En esa exhibición casi infinita de la inteligencia, el ser humano trasciende la naturaleza y la desequilibra y es en estos momentos, cuando ella, al reclamarle su abuso y prepotencia irracional, le recuerda que vivimos en un ecosistema fundamental para la supervivencia, cuando esto se manifiesta, se da en la autociencia humana, el deseo de regresar al pasado, expresándose en la llamada conciencia colectiva ancestral, renaciendo entonces, los mitos, las tradiciones, las identidades étnicas, religiosas y las manifestaciones de racismo.

A partir de esta visión holística del objeto de trabajo de la educación y del maestro, hay que repensar la institución educativa en cualquiera de sus niveles y modalidades, y a los maestros desde otra perspectiva de su quehacer, en donde la primera se convierta en escenarios pedagógicos, para que los estudiantes en forma autónoma, se apropien de manera sistemática y creadora de los contenidos de la ciencia, las artes y la tecnología, en una concepción y manejo del tiempo y los espacios coherentes con la lógica de los intereses sociales e individuales. El maestro proporcionará su capacidad de trabajo, con una pedagogía centrada en el desarrollo del potencial humano, social e institucional.

La perspectiva de actuación del maestro, no debe ser exclusivamente desde su saber disciplinar, esta requiere como lo hemos expresado a lo largo de la obra, transcender a través de la comunicación con el grupo de estudiantes concretos, histórica y culturalmente determinados, para lo cual es necesario conocer la dinámica de la inteligencia y de los procesos psicológicos, que son los que en última instancia, permiten el apropiamiento de los elementos conceptuales suficientes y necesarios, para abordar e interpretar el cúmulo de fenómenos en referencia, interaccionar con ellos, reinterpretar y crear conocimientos por su propia cuenta.

El maestro del siglo XXI, por lo menos, debe dominar una disciplina y la pedagogía específica para su enseñanza, sin dejarse atrapar por el entramado técnico operativo, sino preparado para verificar cómo el diseño de cada proceso científico en particular, debe responder a la estructura cognitiva, afectiva, valorativa, actitudinal y operativa del estudiante.

Lo anterior significa que no basta con el dominio disciplinar para enseñar, hay que conocer los mecanismos, estilos, habilidades de pensamientos, mitos tabúes, prejuicios y concepciones de los estudiantes sobre la misma, de modo que sea capaz de traducir su lenguaje específico y proyectarlo a su experiencia profesional y académica para crear nuevos conocimientos, es decir, el maestro (a), deben trascender a la comprensión de la intersubjetividad del estudiante, cómo se estructura y funciona ésta, qué relación guarda con la personalidad, los procesos psicológicos y la conciencia, cómo se establece la articulación dialógica sujeto –intersubjetividad– medio social y cuáles son las mediaciones didácticas y metodológicas que deben atravesar esta compleja urdimbre para cumplir los requerimientos de la misma, expresada en los procesos formativos que demanda una sociedad para poder avanzar a niveles de desarrollo y crecimiento en el presente y futuro.

Revolución informativa, revolución de valores y los estilos de aprendizaje

Los ejes transversales del discurso de la obra han sido los temas de la revolución informativa y la revolución de los valores. La primera, impregnada por todo el influjo del desarrollo científico-tecnológico y la segunda, por la intensa crisis de valores de la condición humana.

Una y otra tienen propósitos altruistas a corto y mediano plazo, como los siguientes:

Nuevas posibilidades para el mejoramiento de la competitividad de las naciones y, un avanzar hacia la verdadera sociedad civil, donde el ser humano se libre de las injusticias sociales, la opresión, el hambre, la pobreza y la discriminación, acrecentando las metas de la convivencia humana.

En la obra no podíamos dejar de tocar el tema de la relación paradigmática trabajo, conocimiento, aprendizaje, innovación y vida cotidiana, en la dimensión de los escenarios pedagógicos, para ello articulamos cinco áreas temáticas del aprendizaje informativo.

Área temática No. 1
Trabajo y aprendizaje; elementos de un mismo proceso

La tendencia universal es la convergencia cada vez más estrecha entre trabajo y aprendizaje.

Mientras el ser humano desarrolla un trabajo de conocimiento, está aprendiendo y este aprendizaje deber ser rápido y permanente, para que el trabajo sea eficiente, de lo contrario, la organización corre el riesgo de perder espacio en la competitividad.

En el modelo económico tradicional las habilidades básicas del trabajador, eran relativamente estables, lo mismo sucedía con el docente y por ende con la institución educativa, no había prisa por el cambio.

El componente central del aprendizaje era pequeño, hoy la situación ha cambiado totalmente, el componente de aprendizaje es mayor y por ende, el docente requiere de mayor y mejores volúmenes de conocimientos, habilidades y destrezas para articular en un solo proceso, pensamiento, conocimiento, socioafectividad, cooperación y aplicación.

Área temática No. 2
Aprendizaje y el proyecto de vida

El modelo económico de muchos países tercermundistas, o en vías de desarrollo, establece una línea divisoria en la vida de sus miembros. Tiempo para el aprender (más de veinte años para obtener un título de pregrado) y tiempo posterior para trabajar. A pesar de que en muchos de estos países, incluyendo Colombia, se ha venido avanzando en la democratización de la jornada nocturna y la educación a distancia y semiescolarizada, para la población adulta, sin embargo, el sistema formal diurno, sigue desenvolviéndose en dicho modelo. Los nuevos paradigmas desafían la concepción de tiempo y ciclo vital del ser humano, colocándolo en la disyuntiva de reinventar la base de conocimientos durante toda la vida. De tal forma que el aprendizaje asume una categoría de vitalicio. La concepción de experto se replantea profundamente, para mantenerse vigente en este ritmo, la persona debe revisar, resignificar y duplicar sus conocimientos mínimo cada seis meses.

Es necesario reconocer aunque nos corroa la nostalgia, que el mundo en el que estamos viviendo es tan diferente del mundo en que nacimos, si no le prestamos atención a esto es posible que nos convirtamos en "fósiles vivientes".

Área temática No.3
Las organizaciones educativas están perdiendo la exclusividad de enseñar

Aunque en Colombia, la relación empresa educación, se encuentra en estado embrionario, es necesario reafirmar la tendencia mediante la cual se plantea que cada vez más el sector empresarial, asumirá responsabilidades mayores con la educación. La empresa tiende a ganar espacios y asumir nuevos compromisos como entidad educadora para poder competir. No cabe duda que la globalización, se ha convertido en el reto más grande para las naciones en el siglo XXI.

La organización educativa no puede seguir planeando currículos desde dentro, ni concebido sobre argumentos y bases descontextualizadas, cuando las empresas y el medio social, político, económico, científico y tecnológico, se están moviendo en otros paradigmas.

El avance de dichos paradigmas se percibe muy incierto para Colombia y el resto de países de América Latina, se continúa afianzando peligrosamente la brecha entre los que tienen poder económico y los que no tienen. Por lo tanto, la accesibilidad a los sistemas de información de punta no se desarrollan bajo un criterio universal de equidad.

Por ejemplo, en Colombia, se observa esta situación cada vez más, la sociedad se pauperiza, en una tendencia escandalosa del 60%.

La planeación del aprendizaje no puede seguir entendiéndose bajo criterios de temporabilidad ni niveles, es necesario concebir el aprendizaje para toda la vida robustecido por los cambios paradigmáticos de las distintas esferas en que se mueve el individuo.

Área temática No. 4

El mundo es un salón de clases

"Si un docente de hace 60 años, viajara de repente en la cápsula del tiempo y llegara a una escuela de hoy, estaría en capacidad de desempeñarse. Es posible que el tablero, la colocación de las sillas de los estudiantes, el escritorio, la enseñanza bancaria, la muralización, las tablas de multiplicación, todos les serían muy familiares". Hoy vivimos en un mundo rico en información y no todo aprendizaje tiene lugar dentro de las cuatro paredes del salón de clases. El mundo es un salón de clases y corresponde a los educadores hacerlo realidad. ¿Pero hasta dónde esto podrá ser una realidad? ¿Si la endogenización de la ciencia y la tecnología recomendada por los sabios, no deja de ser una utopía? Para esto sería fundamental que cada estudiante Colombiano, tuviese acceso a internet, como sucede en los países industrializados.

Área temática: No. 5

El escenario del aprendizaje colaborativo, cimentado en la metaestructura: trabajo-aprendizaje

La red dispone de una información de más de 4000 cursos disponibles y lo que es más importante, se está consolidando la base de datos sobre la creación cultural de la humanidad para que sea accesible a través de las autopistas de información. La Biblia que se encuentra en el Vaticano, tenía una accesibilidad muy restringida a unas 200 personas que aproximadamente, podían consultar cuatro páginas por día, hoy la Biblia se encuentra en la red, multiplicándose la cantidad de personas que la han observado en comparación con el número de aquellas que tuvieron la oportunidad de verla en los últimos quinientos años.

¿Cómo desconocer el avance vertiginoso de una educación ofertada a través de las redes sin tener que asistir a los salones de clase? es la tendencia de la educación abierta y a distancia a través de la autopista de información, escenario que analizaremos más adelante.

Los computadores han llegado a un punto de convertirse en mediadores del proceso de aprendizaje. Estos estudiantes comienzan a experimentar el poder de la información, lo cual implica un gran desarrollo de la responsabilidad, viéndose reflejada en su actividad laboral.

Si las instituciones educativas son visionarias y cuentan con los recursos necesarios para emprender programas de reingeniería social, es posible, que logren reinventarse si así lo desean, para ello se proponen cinco niveles de reingeniería, de la siguiente manera:

Transformación paradigmática de la educación formal

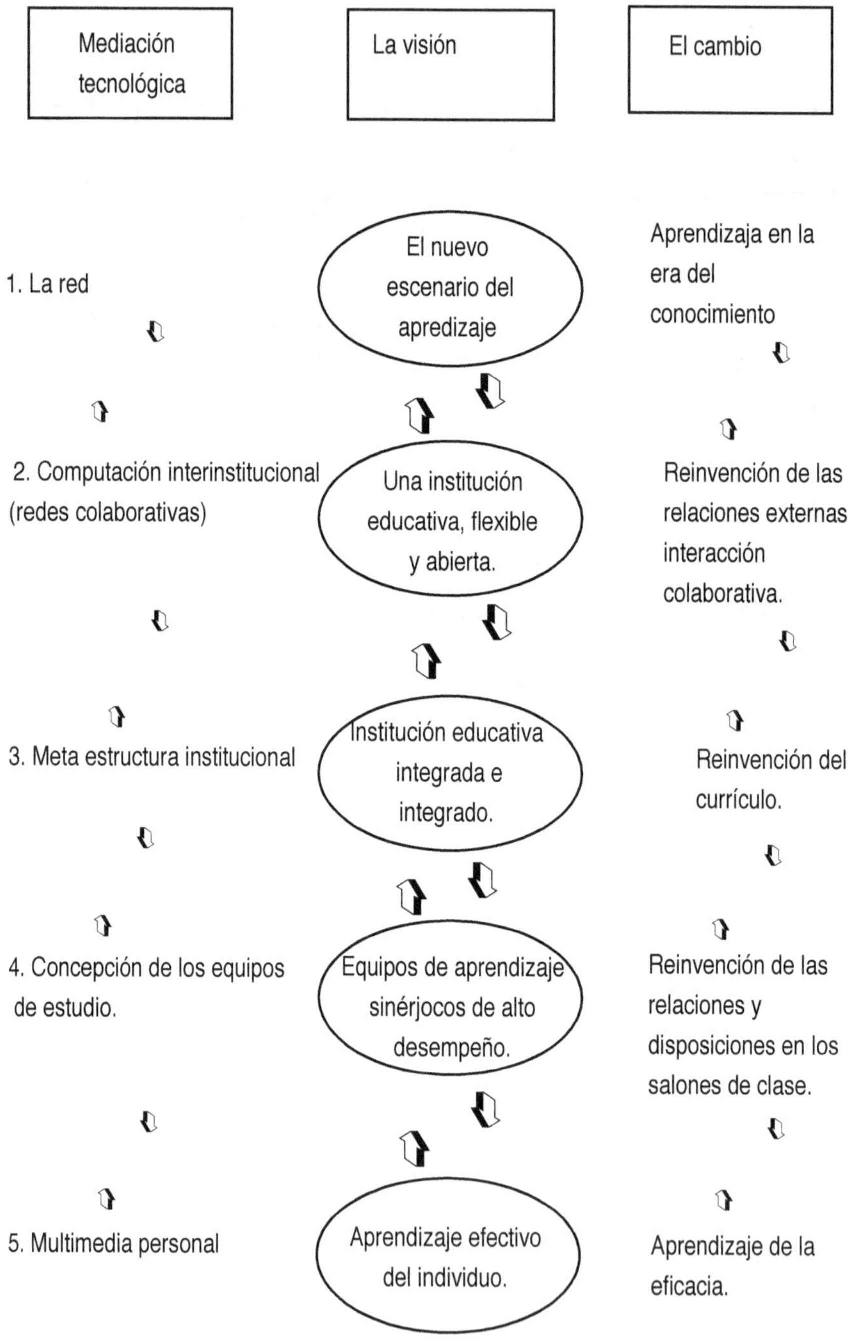

Mediación tecnológica	La visión	El cambio

1. La red

El nuevo escenario del apredizaje

Aprendizaja en la era del conocimiento

2. Computación interinstitucional (redes colaborativas)

Una institución educativa, flexible y abierta.

Reinvención de las relaciones externas interacción colaborativa.

3. Meta estructura institucional

Institución educativa integrada e integrado.

Reinvención del currículo.

4. Concepción de los equipos de estudio.

Equipos de aprendizaje sinérjocos de alto desempeño.

Reinvención de las relaciones y disposiciones en los salones de clase.

5. Multimedia personal

Aprendizaje efectivo del individuo.

Aprendizaje de la eficacia.

En la medida en que los alumnos incrementan el acceso a la información es posible que adquieran muchas ventajas sobre los docentes y los padres, fundamentalmente, si unos y otros, se han quedado anclados en el pasado. La tecnología está redefiniendo profundamente el rol de los docentes. La concepción que primaba unas décadas atrás, de "creer tener la sartén por el mango", en materia de conocimientos, ha quedado en gran parte relegada, aunque todavía se observan muchos casos.

Los docentes están llamados a convertirse en navegantes, facilitadores de un meta-aprendizaje en sus alumnos. Ninguna entidad educativa puede darse el lujo de contar con un experto en oceanografía, para enseñarle a los alumnos el mundo de las ballenas jorobadas, pero el docente utilizando la mediación tecnológica puede conducir a los alumnos por un viaje marino. Hay un aspecto que los docentes pueden aprovechar para comprometer a sus alumnos en el mundo del aprendizaje, y es el profundo interés que éstos muestran por las cosas prácticas, mediante la aplicación, como sucede con la multimedia.

Las autopistas de información posibilitarían que los profesores lleven las técnicas mostradas por los CD-ROM a un escenario mucho mayor, haciendo que el currículo sea más receptivo por su amenidad. Los maestros tradicionales armados de tiza y tablero, no se ajustan a este paradigma. La tendencia es hacer excursiones por bibliotecas, museos, ferias científicas y campos virtuales, sin tener que salir del salón de clases.

Cuando las autopistas de información se encuentren en todo el mundo, podría pensarse en la existencia de un sistema educativo de primer nivel que sea verdaderamente universal. No basta con llevar los simples computadores a las instituciones educativas, la filosofía y la concepción epistemológica, pedagógica, psicológica y humana, va más allá de una racionalidad instrumental aplicada a la educación.

Las autopistas de información bajo los enfoques anteriores, pueden convertirse en una excelente aliada del docente, para autotransformarse y poder desarrollar una educación individualizada

El aprendizaje formal
y los valores,
ejes transversales en la sociedad
del conocimiento

trabajador del conocimiento vs. trabajador independiente

Para una Sociedad emergente, es decir, aquella que fundamenta su desarrollo en el conocimiento, la concepción de hombre y mujer trabajador/a, sinónimo de persona común y corriente, de manos encallecidas y que cifra la supervivencia personal y familiar en el trabajo material y artesanal, toma un giro de trescientos sesenta grados. Estas sociedades crean un nuevo paradigma referente a la condición humana y su relación con el mundo del trabajo, la producción y la sociedad.

La noción de cambio social y valores toma una gran significación, en donde la educación se convierte en el motor de dicho cambio y la alternativa en desarrollar una clase dirigente con su liderazgo y fuerte perfil social. Las características, valores, intereses, compromiso y concepciones de este grupo, serán fundamentalmente distintos de cualquier otro grupo histórico que haya ocupado la posición de dirigente dominante y por lo tanto, los enfoques en cuanto al papel que debe asumir la población en el desarrollo social es totalmente diferente al que se ha venido promoviendo en sociedades de muy bajos perfiles de expectativas y motivaciones. Si bien es cierto que las capacidades de aprendizajes no deben ser forzadas ni apresuradas, el aprendizaje requiere tiempo y práctica, por lo tanto, el cambio no es algo que haga fácilmente, pero aprender depende de la voluntad, ya sea de una organización o de un individuo en particular y para ello es muy sencillo reflexionar sobre la siguiente regla llevada al ámbito escolar. Los alumnos que más aprenden son los que realmente quieren aprender.

Escenarios de aprendizaje formal

La década de los noventa en Colombia y en la gran parte de los países de América Latina, significó una profunda expansión de la educación formal, en su mayor parte enfocada hacia la instrumentación operativa de habilidades manuales y técnicas, con poca o nula profundización del conocimiento formal. Con esto no intentamos demostrar de ninguna manera, la inutilidad de este tipo de formación, lo que se intenta es avanzar en una reflexión que implica detenernos en lo que enseñamos como docentes, en lo que aprenden los alumnos y la convergencia que ambos aspectos manifiesten en los tipos de respuestas que la sociedad y el conocimiento demandan; de igual manera, cuestionar la validez integral que puedan tener programas totalmente prácticos, desprovistos de una concepción epistemológica del componente formal.

Es importante desde la institución educativa y en los distintos escenarios de interacción de la sociedad civil, generar los debates en torno al tema de la educación formal como elemento necesario para desarrollar trabajos de conocimientos.

Con relación a la socialización que este paradigma educativo asume en una sociedad como la nuestra, depende de las necesidades plenamente identificadas, a la voluntad política de sus dirigentes, las motivaciones, intereses y compromisos de la población civil. Algunas necesidades pueden tener perfiles bajos de exigencias, otras, perfiles medios o altos. Pero aún, si la necesidad demanda un conocimiento primitivo, ésta sólo puede ser satisfecha con un aprendizaje formal de calidad.

No podemos asegurar que archivar requiera conocimientos de alto nivel, pero por lo menos, necesita mínimamente de las normas técnicas modernas para que la actividad cumpla su cometido.

Esto nos lleva a asegurar que la educación será el centro en la sociedad del conocimiento y el aprendizaje formal, su eje transversal. ¿Se ha realizado en Colombia un debate integral, sistemático y objetivo acerca del tipo de conocimientos que realmente necesitan producir los ciudadanos, para responder a retos universales y regionales?

¿Qué proyectos científicos promueve la clase gobernante para que el pueblo se eduque bajo verdaderos principios de equidad? Estos interrogantes y otras preocupaciones tendrán que convertirse en políticas centrales en la Sociedad del conocimiento.

Escenarios pertinentes para el fomento del aprendizaje formal

La escolarización no es la única alternativa para desarrollar el aprendizaje formal, en la sociedad del siglo XXI, será imperativo adquirir más conocimientos, sobre todo los avanzados, mucho después de la escolarización, por lo tanto, se prevé la consolidación de los sistemas de formación permanente, incluso, desde las empresas, las industrias y otras organizaciones laborales. En el centro de esta universalización de la formación permanente, se coloca la institución educativa, la cual debe asumir verdaderos retos ante el problema de la calidad y los valores básicos. Igualmente será necesario reconceptualizar la categoría de "persona educada". Desde hace más de tres milenios, la cultura occidental concibe al individuo educado, como aquel poseedor de altos niveles instruccionales y una cultura general. En el escenario del tercer milenio, el paradigma de persona educada, será aquella con habilidades, actitudes, intereses y compromisos, para desarrollar procesos continuos de aprendizajes durante toda la vida, pero aprendizajes de tipo formal, capaz de propiciar transformaciones tanto el plano individual como en el colectivo.

El acceso a la educación no debe circunscribirse a una determinada edad y unos determinados niveles previamente establecidos. El escenario de aprendizaje formal, será una herramienta del individuo, a su disposición en cualquier momento de su vida, puesto que una gran parte de ese conocimiento puede ser adquirido por medio de las tecnologías audiovisuales e interactivas. Se espera que al masificar estas oportunidades, la sociedad colombiana sea más competitiva, por la razón de que siendo conocimiento universalmente accesible, no habrá excusa para la falta de rendimiento, para los cursos remediables o las capacitaciones espontáneas sin objetivos definidos. En el escenario de la globalización, no habrán países pobres sino países ignorantes. Todo dependerá de la voluntad y compromiso de su dirigencia.

El conocimiento aplicado es muy especializado, por tal razón muchas veces queda en su dimensión instrumental, la idea griega de téchne expresa la necesidad de poseer una conciencia teórica que permita justificar un saber práctico que ya está constituido, lo cual favorece su consolidación, sin embargo, es necesario clarificar que la téchne no supone la capacidad de producir un nuevo saber ni mejorar la eficacia productiva del existente. La tecnología no es un artefacto inocuo, sus relaciones con la sociedad son muy complejas. Por un lado, no podemos dudar de que está sujeta a cierto determinismo social y por el otro lado, no podemos desconocer la relación tecnología sociedad y la mediatización que de esta interacción hace la educación. Para ello hay que detenerse en las características intrínsecas de la tecnología y comprender como ellas influyen directamente sobre la organización social y la distribución de poder. Las consecuencias políticas, sociales, económicas y culturales de determinados fenómenos tecnológicos, tal es el caso de la energía nuclear, las telecomunicaciones, las políticas tributarias, son entre otros muchos, ejemplos del notable impacto social de la tecnología en los estilos de vida, las relaciones interpersonales, los valores, las relaciones de poder, entre otros. En los actuales momentos, la tecnología implica la presencia de redes que abarcan los más diversos sectores de la actividad humana, los modos de vivir, de comunicarse, de pensar, un conjunto de condiciones que desde mi punto de vista los seres humanos son más bien dominados y subordinados, más que tenerlos a su disposición y gozar de sus ventajas

El modelo educativo implementado en Colombia, desconoce o deja de lado las implicaciones de los avances tecnológicos en las distintas esferas de la vida humana, es muy poco lo que se evidencia como avances en estos procesos de globalización, donde la lógica de la tecnología no se coloque por encima de la lógica de la racionalidad humana, reproduciendo el individualismo, el desconocimiento del otro en su integralidad. La propuesta descrita busca avanzar en las siguientes líneas de desarrollo humano:

- Reconocimiento del individuo en su integralidad, para lo cual la educación debe colocarlo en el centro de la aprendibilidad
- El trabajo en equipo, mediante la versatilidad y alianza de intereses.
- Acceso real a las organizaciones donde se fragua el conocimiento.

El primer punto hace relación a la concepción de existencia del ser humano, tal como lo plantea Humberto Maturana:

Los seres vivos tienen dos dimensiones de existencia. Una es su fisiología, su anatomía, su estructura: la otra, sus relaciones con otros, su existencia como totalidad: Lo que nos construye como seres humanos es nuestro modo particular de ser en este dominio relacional donde se configura nuestro ser en el conversar, en el entrelazamiento del " lenguajear" y emocionar. En el

> *conversar construimos nuestra realidad con el otro, por ello, el conversar es constructor de realidades.*[11]

Un nuevo aprendizaje se vislumbra, el conocimiento de la capacidad de ejecución de los diversos equipos, sus puntos fuertes, limitaciones; cómo movilizarnos de un equipo a otro, cómo integrarnos. Aquí equipo no es sinónimo de la simple reunión de personas que se dedican a realizar tareas específicas, esta nueva dimensión del equipo va mucho más allá de una concepción operativa y trivial. Desde la escuela es necesario desarrollar estas actitudes y habilidades mentales, lo cual servirá de plataforma para el trabajo del conocimiento.

El último punto, se refiere al avance de las organizaciones en la sociedad, a través de las cuales se realizan las tareas fundamentales. Los anteriores conceptos se manifiestan en forma muy primitiva y bajo diferentes enfoques teóricos y prácticos en nuestro país. Hoy por hoy, en el espectro de la globalización y de las alianzas estratégicas, la organización se constituye en una herramienta para la competitividad, de allí el porqué el trabajo en equipo y el saber acceder a las diferentes organizaciones, son valores que deben desarrollarse en el proceso educativo. Las alianzas estratégicas, son el ejemplo más patético de la gradual depuración de la cultura de la "prepotencia empresarial y organizacional", por la opción de la convergencia de objetivos y metas que garanticen el liderazgo más allá de fronteras parroquiales. Aunque este proceso es más propio de las empresas productivas y de servicios, la educación, sin perder su esencia y autonomía formadora, también debe acceder sin tanta timidez al juego de las alianzas estratégicas, los individualismos, enclaustramientos, el celo institucional, entre otros, son amenazas para el status quo de nuestras instituciones educativas.

---

11. El Sentido de lo Humano. Dolmen Ediciones. Chile, 1.996, página 22-23

- ¿Qué implicaciones políticas tiene la sociedad del conocimiento y de las organizaciones?
- ¿Vale la pena reflexionar sobre estos temas desde el quehacer pedagógico?
- ¿Incertidumbre vs-esperanza y utopía frente a estos paradigmas?
- ¿Cuáles dirigentes tiene Colombia para estos paradigmas?
- ¿Objetivos de aprendizaje vs. formación de dirigencia para la sociedad del conocimiento?
- ¿Conocimiento vs. desarrollo integral de las organizaciones?

Son algunos de los interrogantes que los escenarios del siglo XXI irán develando. El conocimiento se ha convertido en el recurso clave para el desarrollo de cualquier nación que tenga claramente definida su concepción y política en este campo.

El conocimiento no está atado a ningún país, es transnacional, es portátil. Se puede crear en cualquier parte, rápidamente y a poco costo. Es necesariamente cambiante. Siempre se vuelve obsoleto en un período corto de tiempo[12].

Desde el punto de vista epistemológico y pedagógico, la adquisición de conocimientos mediante el proceso de aprendizaje, debe ser continuo y formal, es decir, no puede ni debe suspenderse a ninguna edad.

En sociedades como la nuestra, hay muchos mitos, esquemas y estereotipos sobre el aprendizaje, por ejemplo.

Las personas cuando se pensionan no necesitan aprender más, quedan relegados social y culturalmente al ostracismo, perdiéndose en muchos casos una invaluable herencia humana, tanto en conocimientos, como en experiencias y sabiduría.

---

12. DRUCKER, PETER. *Su visión sobre: la administración, la organización basada en la organización, la economía, la sociedad.* Edit Norma. Santa Fe de Bogotá. 1997. Pág. 252.

El hombre debe estudiar más que la mujer, arraigamiento cultural más de las zonas campesinas y deprimidas social y económicamente.

Las amas de casas mayores, no tienen tiempo para seguir estudiando: por limitaciones económicas no sigo estudiando.

Esta es una verdad de perogrullo, pero por qué no buscar y descubrir las múltiples oportunidades que la sociedad brinda.

No tengo dinero para seguir estudiando.

La institución educativa no puede seguir promoviendo un tipo de servicios asistencialista en los diferentes niveles que promueve. Debe ponerse más de cara a la realidad social, a las oportunidades del contexto. Con el avance de las alianzas colaborativas y la globalización, las organizaciones empresariales y viceversa, tendrán que convertirse en socias. De igual manera, las instituciones educativas, deben asumir entre sus currículos, las cuestiones políticas centrales. El ejemplo más próximo de este acercamiento por razones constitucionales, lo vemos en la nueva estructura organizativa, compuesta por ciertas instancias "muy novedosas desde el punto de vista conceptual-legal", como lo son los Consejos Directivos, Personeros, Consejos estudiantiles, entre otros, aunque en la práctica es muy poco lo que se ha depurado el proceso de democratización.

La dirigencia para el siglo que trasegamos, así como los educadores, los políticos, tratadistas, sociólogos, etc., tienen la necesidad de asumir retos sobre tareas prioritarias, tales como las que señalamos a continuación:

Convocatoria a todos los estamentos sociales para realizar una exhaustiva evaluación al sistema educativo, sus propósitos, sus valores, la misión, visión, enfoques y contenidos. Es necesario avanzar en la concepción y difusión de la calidad de la educación y la productividad de la misma.

Se requiere promover el desarrollo de una cultura sistemática sobre la calidad del conocimiento que se produce y la productividad del mismo. De estas dos necesidades depende mucho la capacidad de rendimiento y competitividad de la nación, como también la capacidad de supervivencia de las organizaciones y de los individuos que la componen.

La concepción y práctica de la política. Necesariamente el país tiene que darle prelación al tema de la competitividad. Cualquier política que se proponga tiene que plantearse de tal manera, que mejore la posición competitiva del país en el contexto de la economía mundial

La pedagogía necesariamente tiene que asumir un liderazgo de tal manera que todo profesional formado en una disciplina diferente a ésta y se comprometa con el ejercicio de la docencia, debe asumirla responsablemente como otra profesión, por lo tanto, requiere tener un dominio de sus fundamentos, principios y categoría y desarrollar un proceso de formación permanente no solo en el ámbito no formal, sino primordialmente en el formal, accediendo a maestrías, doctorados y Postdoctorados, lo cual implica una cualificación del quehacer pedagógico, por la dimensión científica de dichos niveles.

Este mismo proceso debe asumirse en las organizaciones que componen al país, incluyendo las de servicios como la educación.

Se requiere una depuración de la concepción y teoría económica del país, para que ésta pueda ponerse a tono con las exigencias mundiales.

Equilibrar la función real de las organizaciones. Si bien es cierto que la función primordial de la escuela es enseñar, ella también debe asumir responsabilidades sociales.

La llamada función fundamental de la extensión, debe transformarse en verdadera proyección social para trabajar bajo procesos sistemáticos, continuos y permanentes por los problemas, retos y expectativas de la comunidad.

Redefinición de la teoría política y las instituciones políticas

La función del gobierno, la eficiencia y eficacia de su funcionamiento se constituyen igualmente en tareas prioritarias en el pensamiento y acción política. El llamado estado paternalista, del siglo XX no funcionó ni en los modelos totalitarios ni en los democráticos.

Hoy más que nunca, Colombia necesita un gobierno eficiente, una dirigencia comprometida y una población civil con mayor responsabilidad social para difundir su dignidad. Sólo un gobierno eficiente podrá impulsar un nuevo estilo de organización social centrado en el conocimiento. Si el siglo XX fue de grandes transformaciones sociales y avances científicos, el siglo XXI, tendrá que ser de profundas innovaciones sociales, políticas y humanas.

La equidad de género, desde la dimensión educativa

> *A diferencia de las categorías de clase social o etnia, que han sido instrumentos analíticos desde hace mucho tiempo, la categoría de género, es una herramienta de reciente creación y su uso no está generalizado. Sus antecedentes están en Simone Beauvoir quien, en "El segundo sexo" desarrolla una aguda formulación sobre el género en donde plantea que las características humanas consideradas como "femeninas" son adquiridas por las mujeres mediante un complejo proceso individual y social, en vez de derivarse de su sexo. Así, al afirmar en 1949: "Una no nace, sino que se hace mujer", de Beauvoir hizo la primera declaración célebre sobre el género.*[13]

---

13. LAMAS, MARTA. *El género: la Construcción cultural de la diferencia sexual.* Grupo edit Miguel Ángel Porrua. México. 1996. Pág. 9.

Es igualmente, tarea prioritaria que la educación aborde el concepto de *género*, ya que se ha convertido en uno de los problemas intelectuales y humanos más intrigantes. ¿Cuál es la verdadera diferencia entre los cuerpos sexuados y los seres social y culturalmente construidos? Igualmente, porqué está en el centro de uno de los debates políticos más trascendentes: el del papel de las mujeres en la sociedad. A lo largo de todo el discurso desarrollado en la obra, el aspecto central ha sido los nuevos escenarios de desarrollo, la globalización del conocimiento, de la economía y de la educación y el ilimitado potencial humano, por lo tanto, no podemos desconocer desde la educación, que el tema del ascenso de la mujer y su posicionamiento en el siglo XXI, se considera como una de las megatendencias.

El debate se internacionalizó durante la realización de la IV Conferencia Mundial sobre la mujer en Pekín en septiembre de 1995, ya que la categoría de género se volvió un punto escandaloso de discenso en la ONU, entre, por un lado, las democracias occidentales y, por el otro, el Vaticano y los países fundamentalistas. Así, la perspectiva de género se aleja de las concepciones organicistas y funcionalistas, buscando explicar la acción humana como un producto construido con base en la entramada red de relaciones sociales y culturales.

Desde esta perspectiva, se constituye un reto involucrar la temática en los currículos de los diferentes niveles educativos. El género abordado en toda su objetividad interpretativa debe ser considerado una gran posibilidad de transformación de los esquemas culturales y de las relaciones de equidad en la vida de las organizaciones. Es necesario develar desde la educación por qué emergen de manera distorsionada ciertas realidades en el pensamiento cultural, y cómo esas realidades distorsionan y moldean aquellas realidades.

Una revisión generalizada de bibliografías, investigaciones y experiencias sobre el tema, muestran una marcada concomitancia entre variedades de esferas de la vida social y las ideas culturales sobre el género y la sexualidad y a su vez, esas esferas reciben la influencia de estas ideas. Para el caso que nos ocupa, nos detendremos en dos esferas que consideramos determinantes.

a.   Parentesco y matrimonio. Es uno de los contextos fundamentales donde se reproduce la ideología de género.

b.   El prestigio. Esfera mediadora entre la organización del parentesco, el matrimonio por un lado, y la ideología de género por el otro. Se concibe el prestigio como el "valor social", los mecanismos y los medios a través de los cuales los individuos y los grupos alcanzan determinadas posiciones.

Si bien es cierto que la interacción de estas dos esferas perfilan muchas concepciones respecto al género y el sexo, no deja de ser menos importante analizar los contextos escolares como mediatizadores en la reproducción de tales esquemas. La temática del género viene abordándose de una manera muy tangencial, porque no existe la concepción científica, ni mucho menos, la actitud y responsabilidad para abordarla de otra manera.

Existe un marco legal y algunos presupuestos programáticos (Constitución Nacional, Ley General de Educación y Plan Decenal de Educación), que recogen entre las interlíneas, alguna literatura, puntos de vista y estrategias sobre el tema, pero en el ámbito de una política integral, es muy poco lo que se ha avanzado. La puesta en práctica de ciertos elementos con poca o nula preparación, como también la incidencia de los medios de comunicación, siguen afianzando una concepción hedonista, y relajada en torno a la cultura del género y sexo, punto crucial de la sociedad actual, ante la cual la institución educativa no puede permanecer indiferente.

El centro de la situación está en que la diferencia sexual no se refleje en desigualdades como en efecto se ha venido dando a través de la historia. Si bien es cierto que toda nuestra esperanza de vida está signada por el género, también es cierto que como seres humanos se tiene una comunidad de intereses, aspiraciones, expectativas y compromisos, que con frecuencia une más que las cuestiones de género.

A partir de ese punto de vista, valdría la pena que desde la escuela se fomentara la acepción castellana de género, en el sentido de que tanto mujeres como hombres pertenecemos al género humano, este sería un punto de trabajo para el afianzamiento de la identidad humana.

Pensar que algo es natural lo hace aparecer como estático e inmutable, precisamente la crítica feminista sobre el sexo concebido como algo dado e inamovible hace surgir en el seno de las reflexiones históricas, la categoría de género, como lo que es construido socialmente, lo cual ha hecho que a lo largo de los años, la perspectiva de género de igual manera, ha ido conformando una perspectiva diferente sobre el sexo.

Muchos de los trabajos recientes de corte histórico- deconstructivistas siguen los pasos de Focault: Desencializar la sexualidad, mostrando que el sexo también es propio de un proceso de construcción social, en el que la educación tiene mucha responsabilidad. La experiencia demuestra que la sexualidad es supremamente sensible a los cambios culturales, especialmente a las modas, Focault en su Historia de la Sexualidad, demuestra mediante el análisis histórico, que en el pasado el sexo existía como una dimensión de la vida humana, mientras que en los actuales momentos, es sinónimo de identidad, esta situación señala el autor, invierte las jerarquías, ya no hay identidad sin definición sexual. Hoy, bajo el término sexo se caracterizan y unifican no solo las funciones biológicas y rasgos anatómicos, sino también, la actividad sexual, no solo se pertenece a un sexo, se tiene un sexo y se hace sexo.

Es necesario reconocer que gran parte del movimiento feminista contemporáneo, concibió la sexualidad como un asunto derivado del género, hoy sin embargo, se hace necesario separar analíticamente sexo y género para poder explicar su existencia social separada. Tal confusión aumenta en la medida en que el uso generalizado de género es en relación exclusiva con las mujeres, se habla de perspectiva de género pero solo refiriéndose al sexo femenino. De allí el porqué el tema se presenta controvertido y la escuela debe tratarlo con una gran responsabilidad para no caer en extremos. Comprender los procesos psíquicos y sociales mediante los cuales las personas nos convertimos en hombres y mujeres dentro de un esquema cultural de género, que postula la complementariedad de los sexos y la normatividad de la heterosexualidad, facilita la aceptación de la igualdad psíquica y social de los seres humanos y la reconceptualización de la homosexualidad.

Es tal la riqueza y la complejidad investigativa de la temática en mención que el debate alrededor del género es de una dimensión amplísima, por lo tanto, es urgente y prioritario enfocarlo en dos consecuencias nefastas del género: el sexismo (discriminación con base en el sexo) y la homofobia (rechazo irracional a la sexualidad).

Aunque ambas prácticas han tomado formas e intensidades diferenciadas dependiendo del contexto social y el momento histórico, tiene un costo para todas las personas, para tratar de eliminar dicho costo se hace necesario comprender la urdimbre mediante la cual se fue articulando la lógica de funcionamiento del género. Por ello estamos convencidos que al estar nuestras experiencias marcadas por el género, se hace necesario considerarnos como seres humanos compartiendo una comunidad de intereses que con frecuencia nos debe unir más que solo las cuestiones de género.

En consideración a lo anterior, la escuela tiene la misión histórica de avanzar en la clarificación conceptual y epistemológica de la temática en mención, solo de esa manera, sería posible promover políticas y programas de formación en y para la vida sexual, no exclusivamente fundamentados en la dimensión biológica sexista, como se viene haciendo hasta el momento. La concepción y práctica de un debate académico de esta naturaleza, debe involucrar responsablemente a todos los estamentos en forma sistemática y no dejarlo exclusivamente al tenor de determinadas áreas, tal es el caso de la biología con tímidos acompañamientos de la Psicología, la reflexión además de continua y permanente debe ser holística e interdisciplinaria, solo así sería posible avanzar hacia concepciones globales y éticas en torno al género, decantándola de las burdas implementaciones comercializadas sobre el uso de la sexualidad, muy común su difusión por los medios de comunicación, los cuales más que educar desinforman.

El escenario del empoderamiento, utopía y posibilidades en el contexto educativo

Los desafíos son de hecho, problemas fundamentales que reclaman soluciones fundamentales, en el fondo, para el caso que nos ocupa se requiere un nuevo orden nacional, sin embargo, no es posible dejar de reconocer que esta propuesta se ve amenazada por las siguientes dificultades:

- La dificultad de formar desde la familia, y la escuela, sujetos integrales, cuando el modelo capitalista es hoy, menos un modo de producción que un modo de vida.
- El individualismo y el consumismo transfirieron hacia la vida privada la ecuación entre interés y capacidad. Es en esa esfera donde los individuos identifican mejor sus intereses y las capacidades para darles solución. Tales capacidades, generalmente están impregnadas por un trivialismo en las soluciones.

- La segunda dificultad, esta fuertemente ligada a la anterior y se refiere a la temporabilidad para las soluciones fundamentales, hoy el ser humano como individualidad y las instituciones como sistemas de normatividades, están atrapados en la maraña de las soluciones a problemas fundamentales a corto plazo. Las condiciones, intereses sociales y los sujetos del pensamiento estratégico a largo plazo, parecen cada vez menos presente.

Bajo este marco de referencia en el que se mueve la educación, muchas veces sin percibir la magnitud de tales problemas, los sujetos en su espectro de interrelaciones van construyendo utopías, la educación no ha escapado a este proceso y es precisamente desde el concepto y la misión histórica de utopía que construimos este capítulo, para poder contextualizar *el empoderamiento en la perspectiva educativa.*

La utopía es la explotación de nuevas posibilidades y voluntades humanas, por el camino de la oposición de la imaginación de la necesidad de lo que existe, sólo porque existe, en nombre de algo radicalmente mejor, que la humanidad tiene derecho de desear y por lo que vale la pena luchar.

La utopía es doblemente relativa, lo que no existe, como parte integrante, pero silenciada, de lo que existe. Por otro lado, la utopía es siempre desigualmente utópica en la medida en que la imaginación de nuevo esta compuesta, en parte, por nuevas combinaciones y nuevas escalas de lo que existe.

No es fácil defender o proponer utopías hoy en día, menos en educación, trátese de la perspectiva formal o informal consuetudinaria, donde se mueve la socialización histórica. La dificultad no deja de sorprendernos si tenemos en cuenta que la modernidad es una época propicia para la creación de utopías, comenzando por la aparición de la utopía clásica de Thomas Moro, escrita entre 1515 y 1516, culminando con las utopías socialistas del siglo XIX. Hay que reconocer que en proporción directa a un expansionismo de la racionalidad científica aplicada al estudio de los hechos naturales, sociales y humanos, se fue generando un ambiente intelectual poco propicio para la creatividad de utopías. De allí el porqué debemos reconocer que el siglo XX, ha sido muy pobre en la generación de utopías. Sin embargo, la crisis de la ciencia moderna obliga a repensar hoy mas que nunca sobre la necesidad de crear nuevas utopías que sirvan de faro motivador para el siglo que estamos recorriendo. La utopía evita el cerramiento del horizonte de expectativas y de posibilidades y crea alternativas. Sartre planteó que "una idea antes de ser realizada se parece entrañablemente a la utopía".

La utopía como posibilidad, encierra dos condiciones, por un lado, un fundamento epistemológico, mediante el cual rechaza el cierre de horizontes de expectativas y de posibilidades y crea alternativas; por el otro lado, engendra una nueva concepción psicológica referente al sujeto que se construye y su capacidad creadora, la utopía rechaza la subjetividad del conformismo y desarrolla potencialidades para luchar por su realización. La utopía ejerce un impacto revolucionario sobre las combinaciones hegemónicas absolutistas de lo que existe, destotaliza los sentidos, con el único objetivo de correr las cortinas donde las subjetividades creadas por los seres humanos, duermen un sueño injusto haciendo que estos rutinicen la historia, la mecanicen. Desde esta perspectiva, intentaré recrear algunas ideas referidas al conocimiento y cómo éste tiene que ver con el cambio de época. Las diferentes formas del conocimiento tienen una vinculación específica con las diferentes prácticas sociales, una transformación profunda en el qué conocer, para qué y cómo conocer, debe estar ligado en una y otra forma, con una transformación profunda de la sociedad, la institución educativa y el docente.

Mientras la transformación epistemológica en las ciencias sociales y humanas en general y en la pedagogía en particular, tiende a ser relativamente clara, la transición social por todos los problemas que encierra, tiende a ser más compleja, las formas de regulación social de la modernidad, se presentan hoy en día más precarias y cuestionables, igualmente debilitadas y desacreditadas las formas de control social que les corresponde. Los derechos humanos, políticos, cívicos, la cultura popular, las organizaciones comunitarias, los espacios seudodemocráticos en muchas organizaciones, los modos de vida alternativos, la cultura de la resistencia y de protesta, entre otras manifestaciones emancipatorias, están profundamente deterioradas. Ante tal situación, se perfila una doble responsabilidad y una doble urgencia: por un lado, penetrar al "ojo del huracán", a las raíces de la crisis de regulación social y, por el otro, inventar o reinventar no sólo el pensamiento emancipador sino también la voluntad de emancipación.

¿Hasta dónde la institución educativa con sus actores principales; maestros y alumnos, estarían preparados para éste proceso? Antes de entrar en el terreno de esos posibles escenarios, analizaremos otros vectores de los problemas considerados fundamentales y que lo serán por mucho tiempo, como también, la presentación de ciertas alternativas emancipadoras, las cuales pueden ser llamadas utópicas sin temor a equivocarnos.

El análisis se enfocará desde la perspectiva de varios grupos de científicos sociales, que han sentado sus posiciones respecto a tales problemas, en una categoría de espacio y tiempo mundial.

a. Desde Baudrillard, Lyotard, Vattimo y otros. La sociedad de consumo, la cultura de masas, la revolución de la información y de las comunicaciones, superficializaron la vida humana, la estructura del pensamiento, las actitudes y las condiciones de existencia, situación que para algunos, no es del todo mala, porque serían parte de los costos del postmodernismo; pero ¿dónde quedó la dimensión humana? Sería una de las preguntas fundamentales.

b. Hay una segunda concepción expresada a la luz de un amplio grupo de pensadores heterogéneos, representados por Habermas, Toulmin, Murray, Focault y Derrida, entre otros.

El cuestionamiento a los problemas fundamentales, se hacen desde los presupuestos epistemológicos de la modernidad, estos, incubaron un tipo de racionalidad cognitivo-instrumental y de conocimiento técnico-científico, lo cual conllevó a un abandono de la reflexión sobre los problemas fundamentales. La distinción sujeto-objeto. La separación total entre los medios y los fines, la concepción mecanicista de la sociedad, la naturaleza, el ser humano y el conocimiento. El cisma entre hechos y valores y la objetividad concebida como neutralidad. Una teorización y método pretendidamente universal, pero en el fondo androcéntrico y etnocéntrico. Todo esto contribuyó a crear un gran agujero epistemológico alrededor de los grandes problemas humanos y de las relaciones sociales e interculturales, lo cual se replicó en la escuela, tanto en los discursos como en la práctica y didáctica pedagógica, reflejándose notoriamente en el tipo de formación dado a los alumnos. Una formación lineal, un sistema cognitivo mecánico-reduccionista, en una relación de causa-efecto, es la lógica racional de ésta concepción pedagógica.

La última posición que presentada, es la del grupo de científicos que conciben el problema fundamental de la sociedad contemporánea desde el agotamiento de las potencialidades del desarrollo social, en donde es claro, identificar dos situaciones:

- Una corrupción dramática de los mecanismos institucionales y culturales, que actuaban como censores normativos, para regular los excesos y déficits sociales propios del sistema capitalista, lo cual ha propiciado una atmósfera de desregulación global.
- Por otro lado, cada vez se hace evidente el bloqueo de soluciones relativamente moderadas. En esta concepción los científicos han optado por la vía de las soluciones alternativas, sean éstas ecológicas, socioeconómicas, educativas, sociopolíticas, demográficas, etc.

Escribiendo al final del siglo XVIII, Schiller teme que el ídolo de la utilidad mate la voluntad de realización personal y colectiva y coloca la capacidad del hombre para sentir, como la necesidad más urgente de nuestra época.

Desde ésta perspectiva ubica el paradigma emergente el cual entiende que el racionalismo estrecho, mecanicista, utilitarista e instrumental de la ciencia moderna, combinado con la expansión compleja de la sociedad de consumo, impactó mucho más allá de lo previsto por Schiller, la capacidad creativa, de sorpresa, la voluntad de transformación personal y colectiva, de tal manera, que la necesidad de reconstruir esa capacidad y esa voluntad, se hizo muy urgente en el siglo XX.

Desde la concepción del ser y el conocimiento, el paradigma intenta crear un conocimiento donde el hombre y la mujer se reconozcan. De nada valdrá inventar alternativas de realización personal y colectiva si ellas no responden a un proceso racional- colectivo apropiables por quienes han participado en su construcción.

La amplitud del nuevo paradigma, significa ante todo la ampliación de las razones con que se pueden justificar las conductas; una ampliación de la racionalidad, donde quepa la racionalidad moral-práctica y la racionalidad estética-expresiva. Esta ampliación de las energías emancipatorias sólo logran sentido si su extensión es igualada por su intensidad; si la energía emancipadora se manifiesta en los actos concretos de emancipación protagonizadas por individuos o grupos sociales. Por ejemplo, el concepto abstracto de los derechos humanos, comienza a tener sentido en la medida en que por todo el sistema mundial, grupos sociales estén realizando luchas de emancipación.

La emancipación no sólo hay que verla desde la posibilidad transformativa del proceso pedagógico, es importante revisar los diálogos de saberes entre alumnos y maestros, interactuando bajo condiciones de bilateralidad afectiva, lo cual propicia una inserción en las condiciones intrínsecas de los sujetos que participan en la acción dialógica.

La contraparte de la acción emancipadora, estaría en las posibilidades reales de transformación dialéctica de la estructura y procesos derivados de la acción administrativa instrumentalizada, para cumplir objetivos de jerarquización subordinada, siendo fundamental detenernos en las tendencias y escenarios de la administración moderna y postmoderna que no sólo afectan a los sistemas empresariales productivos sino también, a los de servicios, entre estos, el educativo, el cual se presta desde diversos tipos de organizaciones. Vale la pena revisar algunos puntos de vista referidos a tales escenarios para visualizar las competencias emancipatorias que les competen y bajo qué procesos y condiciones podrían darse éstas.

> *Es necesario plantear que la institución educativa, como empresa de servicio, también se ve afectada por los vaivenes de los nuevos paradigmas empresariales, la globalización y la internacionalización de la economía. Tales situaciones entre otras, plantean la necesidad de modernizar las estructuras verticalizadas y cerradas, por estructuras horizontalizadas, dialógicas, y holísticas. Este escenario paradigmático en los procesos administrativos de la empresa moderna deben ser repensados al interior de la institución educativa. Lograr ventajas competitivas y mantenerse como protagonista, requiere de los actores administrativos, concentrar las energías en hacer innovaciones que conlleven a los más altos niveles de calidad.*[14]

La preocupación universal de los líderes empresariales, está centrada en la creación de condiciones para que haya mayor innovación y eficiencia en su organización. Para ello propician reingenierías que les permita alcanzar los objetivos propuestos, tal es el caso de los cambios de estructura y las inversiones en programas de desarrollo del potencial humano, porque han llegado al convencimiento de que éste es el más importante recurso con que puede contar cualquier empresa.

Muchos negocios están desarrollando alianzas colaborativas para estimular el desarrollo y el crecimiento. Los sistemas de incentivos son rediseñados para balancear la colaboración con el desempeño individual.

---

14. CORREA, de Molina Cecilia. *Administración estratégica y calidad integral en las instituciones educativas.* Coop. Editorial Magisterio. Colección Aula Abierta. Santa Fe de Bogotá. 1997. Pág. 65.

Uno de los paradigmas de modernización que avanza en el tercer milenio, entre tantas propuestas que conocemos, derivadas de los expertos en el tema, es la llamada *Organización de red fluída* la cual busca reconciliar los aportes de la estructura rígida y jerárquica con la estructura fluída, para alcanzar la innovación y la eficiencia. Es posible llegar a una estructura fluída cuando concebimos la gestión del conocimiento y el aprendizaje organizacional, como aspectos posibilitadores de la creación de estructuras flexibles.

La diferencia no la podemos concebir como un simple problema de estructura, la diferencia es el proceso por el cual se gerencia la organización. Si ésta se comporta como una organización visionaria, es posible que logre un posicionamiento con un alto grado de reconocimiento social.

Desde esta perspectiva, las personas y empresas, las funciones y los niveles, alcanzarán exitosamente los objetivos estratégicos propuestos, como lo son el crecimiento, la integración y la cualificación del desempeño humano.

El concepto de Organización Fluída, tiene sus raíces en la observación detenida a los procesos de autoadaptación, que desarrollan las especies vivientes para poder sobrevivir con fortalezas biológicas, en sus hábitats cuando estos son muy dinámicos en sus variaciones. Este tipo de organización aprende mucho de los comportamientos autoadaptables de las aves migratorias, para generar aproximaciones de autoadaptabilidad, en las múltiples actividades de las organizaciones empresariales. La verdadera aplicabilidad depende de la naturaleza de las necesidades que presenten las mismas, en relación con las demandas de los escenarios del contexto en donde interactúan.

La Organización de red fluída, enfatiza la importancia de encontrar nuevos caminos para lograr el éxito, refiriéndonos a este tipo de organización como el punto medio entre un control centralizado y la iniciativa local no supervisada; entre una economía planificada y libre competencia cuando se trata de organizaciones productivas; entre la rigidez y el caos. La flexibilidad y la adaptación son posturas críticas para que las organizaciones autoevalúen sus procesos y estructuras y de esa manera, poder avanzar en la creación de nuevas alternativas mediante un aprendizaje continuo, que es, lo que garantiza en última instancia, el empoderamiento de las mismas, en la dinámica de los cambios universales y particulares. En el caso de la empresa educativa, sería importante realizar el ejercicio de la Red Fluída, como estrategia mediadora en los procesos de globalización que de alguna manera, la afecta y que ésta debe enfrentar exitosamente, para no sucumbir a los embates de la competitividad salvaje.

Paradigma
de la resignificación crítica

Este escenario organizacional parte de la concepción de que la teoría y práctica administrativa-pedagógica, se fundamenta en la autoestructuración en la medida en que es la institución mediante la sinergia de sus potencialidades, la artesana de su construcción o reconstrucción. En este sentido la misión administrativa y académica ya no estaría orientada a la puesta en práctica de una racionalidad técnica instrumental sino a una racionalidad dialógica que le permita transformarse.

El reto de la educación ahora, y en el futuro, es posibilitar los escenarios donde los actores interactúen en la búsqueda del desarrollo de sus potencialidades conducentes a la dinamización de saberes ya sean científicos, artísticos, literarios, folclóricos, populares y tecnológicos, que den sentido a nuevas formas de organización social productiva.

Los desafíos hay que entenderlos como retos que provocan la imaginación, comprometen la voluntad de cambio y deben asumirse con sabiduría. Para ello es necesario identificar qué es lo que se debe mejorar, qué debe mantenerse, qué debe suprimirse y qué debemos reconocer que no podemos cambiar.

Es necesario reconocer cómo en el proceso histórico se van construyendo ciertas estructuras lingüísticas, que obedecen a los paradigmas económicos, políticos, culturales y sociales y que de alguna manera, hacen un efecto envolvente, este fenómeno también afecta las distintas esferas de la educación, por ejemplo, el lenguaje de la economía como lo concibe Manfred Max-Neff, "ha domesticado al mundo entero" y continúa el autor: "un lenguaje nos domestica cuando logra empapar toda nuestra vida cotidiana y nuestras formas cotidianas de expresión". El lenguaje de la economía se utiliza con la misma amplitud en los salones de los convencionistas, en las ruedas de negocios, en los salones de clases, en las salas de los docentes, en el patio de recreo, es decir, no hay espacio de la cotidianidad humana, donde el tema económico no sea tratado en forma prioritaria. De allí el porqué se hace necesario considerarlo parte fundamental de la cultura organizacional, su abordamiento frontal no significa una deificación, es reconocer desde el espacio educativo cómo las creaciones culturales desarrollan un efecto domesticador tanto de nuestras percepciones como de nuestras actitudes, cosmovisión y conciencia, por lo tanto, en la creación de escenarios alternativos como los que venimos describiendo en la presente obra, el reconocimiento de su existencia es una expresión de la racionalidad emancipadora.

El anterior ejercicio nos concita a varias preguntas de reflexión:

a.   ¿Hasta dónde la institución educativa estaría lo suficientemente preparada psicológicamente, para precisar la magnitud de tales construcciones lingüísticas y el efecto envolvente de las mismas en los procesos de socialización y autodeterminación de las generaciones que forma, llámese estudiantes, docentes, padres de familias y aun directivos, si se tiene en cuenta que la organización es una puerta abierta al aprendizaje continuo, la transculturación y domesticación, si ésta no orienta su filosofía, por la vía de la verdadera autonomía?

b.   ¿Será posible la creación de una cultura organizacional centrada sobre la base de estos paradigmas modernos sin que ello implique una subordinación instrumental de la institución educativa, que le haga perder o subsumir su autonomía y especificidad?

En consideración a tales inquietudes es importante avanzar conceptualmente en el paradigma del empoderamiento, aspecto fundamental de esta reflexión, creando ciertas expectativas y motivaciones sobre su adaptación al proceso educativo. La creatividad, dedicación, energía y el sentido de pertenencia, son condiciones fundamentales para pensar en su posibilidad de creación, *los directivos de una institución educativa, deben concebir a los docentes, empleados, alumnos y padres de familia como su mayor ventaja competitiva* y el empoderamiento es la fuerza transformadora del espacio de trabajo. El escenario de la competitividad, globalización, conocimiento y el aprendizaje continuo y permanente de las organizaciones, marcan las exigencias para sobrevivir exitosamente en el escenario del momento, no obstante por razones culturales, existen muchas dificultades para el verdadero aprovechamiento autónomo de las energías y capacidades de la organización. Avanzar en este paradigma implica reconocer la necesidad de propiciar los cambios significativos en la cultura y el clima de las organizaciones, desestructurar el tejido cultural, buscando resocializar los esquemas, prejuicios, estereotipos, hábitos, costumbres y tradiciones arcaicas, respecto a lo que somos y de lo que podemos ser capaces. Es un ascender en los comportamientos, actitudes y concepciones, trascendiendo las atávicas estructuras organizativas, académicas, didácticas y personales, que constriñen la evolución de la institución.

El paradigma del empoderamiento, debe entenderse como un proceso estratégico que busca crear unas relaciones sistémicas entre los miembros de la comunidad educativa con el objetivo de crear una urdimbre afectiva, centrada en la confianza, responsabilidad, reconocimiento, para prestar un servicio de mayor calidad a los clientes (estudiantes, docentes y padres de familia). Es tal la sinergia que produce el empoderamiento tanto interna como externamente, que propicia la formación de equipos naturales, los cuales generan y comparten liderazgo, son inmensamente colaborativos, fomentando con su desempeño, la cultura del mejoramiento continuo. El desarrollo de la automía les permite avanzar hacia escenarios de autodeterminación, mediante la cual planean y toman decisiones relacionadas con los métodos de trabajo, las prioridades y las acciones conducentes al desarrollo de la organización. Es importante resaltar algunas características de estos grupos y visualizar hasta dónde una cultura del empoderamiento está avanzando en las instituciones educativas.

- Crean y comparten el liderazgo es decir, las acciones que tienen que ver con el desarrollo exitoso de los P.E.I.
- Desarrollan potencialidades para evaluar y mejorar la calidad del desempeño y los procesos comunicativos que se generan en la organización educativa.
- Son creativos en la generación de ideas, para posicionar estratégicamente la organización.
- Asumen el compromiso, la creatividad y la flexibilidad como mediadores importantes para lograr metas visionarias en el P.E.I.
- Desarrollan extraordinarios valores humanos tales como la sensibilidad, el amor, la honestidad y el reconocimiento de las especificidades del otro.
- Crean una profunda identidad cultural sobre la base del reconocimiento de la multiculturalidad nacional, regional y local.
- Crean las condiciones favorables para generar alianzas colaborativas, desestructurando con ello, los atavismos de la individualización, por falsos celos organizacionales y personales.
- Asumen las crisis como oportunidades para avanzar en la creación y desarrollo de potencialidades que le permita avanzar a la organización a   escenarios de desarrollo.

Es importante aclarar que las organizaciones con fuerte empoderamiento no tienen solucionados todos sus problemas y necesidades actuales y futuras, sin embargo, la creación de equipos naturales al interior de la institución educativa, se constituye en una gran fortaleza para apoyar y gestionar los cambios que requiere la organización, para mantener y fortalecer su posicionamiento.

Analizado el escenario administrativo de las instituciones educativas, desde estos puntos de vista, es importante aclarar que el empoderamiento requiere de varios aspectos:

* Comprensión de la dimensión de la competencia y del escenario donde interactúa la institución.
* Sentido de pertenencia de las personas que forman parte del tejido administrativo, académico y de servicio, de tal forma que el clima de transparencia afectiva trascienda, hacia los clientes externos.
* Comprensión de la dimensión de la globalización y el papel que debe asumir la institución educativa, con respecto a este escenario.
* Reconocimiento del poder que tienen las personas que forman parte de la organización (comunidad educativa). Esto debe interpretarse como la posibilidad de abrirle espacios a los equipos para que creen sus propias opciones, decidan y ejecuten, acatando la filosofía, misión, visión, políticas, propósitos y objetivos de la institución. Esto implica, un reconocimiento de la autonomía con responsabilidad, para el pleno desarrollo de sus potencialidades.

La transformación busca que cada miembro de la comunidad educativa, sea un sujeto activo de la organización, en contraposición a la visión tradicional, en donde el alumno, los docentes, padres de familia y empleados en general, eran concebidos como piezas rígidas.

La organización en vías de transformación, aplica los procesos de Resignificación para lograr una visión construida colectivamente, tratando de esa manera, incrementar progresivamente su capacidad de respuestas.

Naturalmente, la transformación necesita líderes, personas capaces de convocar la energía de otros y orientarlas hacia el logro de los objetivos comunes. El líder educativo, debe ser un creador de futuros. Sabe que lograr metas ambiciosas, garantiza la sobrevivencia exitosa de la organización y su futuro desarrollo, depende del impacto que la misma genere en su contexto social. El reconocimiento de tal empoderamiento, lo avalará la sociedad, es lo que últimamente se reconoce como "acreditación social".

El rector tradicional que planea, organiza y controla al mismo tiempo, todo el desenvolvimiento de la institución, no es el apropiado para producir los cambios que requieren los escenarios vigentes y del futuro. El líder gerencial de la administración educativa, debe influir en sus colaboradores para que utilicen al máximo sus potencialidades, sintonizando las mentes de las personas hacia el logro de la visión y no en la "obediencia reverencial." Debe tener la suficiente claridad y certeza, para administrar con sus colaboradores, el caos y la incertidumbre, garantizando así la supervivencia exitosa de la organización. Debe esgrimir como arma la intuición e inspiración, para asumir los riesgos y desafiar permanentemente los retos que le presentan los escenarios de desarrollo. La alta gerencia educativa, debe caracterizarse por el manejo responsable del proceso de dirección y que como los capitanes de barco, deben conocer profundamente las condiciones de navegación, su tripulación, su barco y lógicamente, la situación de los demás barcos que navegan en su entorno.

Relevantes acerca de la lógica del cambio en las organizaciones

No podemos desconocer como principio histórico del mundo clásico, el papel de los griegos y en especial de Heráclito, en lo que tiene que ver con la concepción de organización como cambio y transformación. En nuestro tiempo, reconocemos a David Bohm (físico de la Universidad de Londres), quien con su concepción del universo como un todo fluido y compacto y al igual que Heráclito, ha visto como fundamental el proceso de flujo y cambio, desde la explicación de las categorías de orden implícito, entendida como un proceso creativo, que al igual que un holograma, se revela en el todo, hablando entonces, del holomovimiento y holoflujo, para referirse a la naturaleza indivisa y fluyente del orden implícito que proporciona la fuente generadora de las formas implícitas, tales formas tienen una apariencia de estabilidad cuando realmente estan sostenidas por el flujo y el cambio. La teoría de este autor, supone que por debajo de la realidad hay un proceso oculto, que llama "lógica del cambio", la cual ayuda a entender la forma concreta del mundo en cualquier instante.

Son múltiples las vertientes que intentan dar luces a la lógica del cambio en las organizaciones, la mayoría, enfocadas en la perspectiva de complejidad, entre ellas tenemos las que se fundamentan en la biología para explicar el enfoque de los sistemas como sistemas de autopoiesis o sistemas auto-productores, otras, conciben la lógica del cambio, desde el campo de la cibernética, a partir de las fuerzas y las tensiones encerradas en una relación cíclica o circular; en la concepción dialéctica, el cambio en las organizaciones, se entiende como el producto de las contradicciones. Tales posturas, las podemos ubicar en una concepción de complejidad transdisciplinar, situándonos en un punto de partida en donde las acciones, sean multifacéticas, temporales, en una época y para la época.

Desde el punto de vista de la complejidad interaccionamos dialógicamente los aspectos anteriores, para dar razón explicativa del tema que nos ocupa: la resignificación de las organizaciones educativas.

- Es posible que una institución educativa, concebida como una organización orgánica, se aproxime al funcionamiento del cerebro, en cuanto al principio de auto-organización, pero es muy poco lo que las teorías organizacionales y administrativas, nos pueden aportar para concebirlas con estas características. Generalmente, la experiencia nos va demostrando que las organizaciones sea cual fuere sus funciones, se mueven en un paradigma de la dependencia, la cual demarca normatividades para funcionar, mediante procedimientos de selección de personal para cubrir vacantes y añadiendo el principio de autoridad, ésta puede ser cerrada o flexible. Desde la organizaciones orgánicas, podrían desarrollarse con éxito estrategias, estructuras y dirección organizacional con un alto grado de creatividad e inventiva cotidiana. Desde posturas mecanicistas, nos enfrentamos a modelos organizacionales centrados en la racionalidad instrumental, donde se valora al personal por su habilidad de adaptación y trabajo eficiente en una estructura administrativa determinada. Este tipo de organizaciones lineales, presentan muchos problemas para enfrentar los retos de los cambios y las incertidumbres, por moverse siempre en una rutina mecánica. Bajo circunstancias variables, las organizaciones orgánicas, bien podrían ser capaces de cuestionar la conveniencia de lo que estan haciendo y modificar sus acciones, tomando en cuenta la nueva situación. Esto indudablemente requiere una capacidad de organización que es sustancialmente racional en el sentido en que la acción manifiesta inteligencia de las relaciones dentro de las cuales está situada, evitando actuar a ciegas o por intuición, sino a sabiendas de que es la apropiada, la que conviene y se requiere. Sin embargo, si no se actúa con cautela, una postura organizacional de esta naturaleza, que utilice la metáfora bio-lógica del cerebro, podría caer en la conformación de grupos especializados que "piensen por los demás", en desmedro del aprovechamiento de las capacidades complejas que posee el conjunto de los individuos que conforman la organización. Desde una postura de complejidad, podría pensarse en formas organizativas que dispersen racionalmente las capacidades pa-recidas al cerebro, a través de iniciativas, antes que confinarlas en compartimentos o en subunidades especializadas.

- Desde el ámbito del avance de la tecnología de la información, es posible ver organizaciones educativas que van desarrollando capacidades de complejidad, convirtiéndose en sistemas de información virtuales, instituciones bajo el paradigma de los "escenarios virtuales", ya que las facilidades que proporciona la microinformática, crean la posibilidad de llegar a sistemas organizativos complejos, sin contar con una organización desde el punto de vista físico. El uso exagerado de estas tecnologías de punta, posibilitan el desarrollo de una gran capacidad de descentralización tanto administrativa como académica. Muchas instituciones educativas del futuro, es posible que no tengan lugar fijo, con sus miembros interrelacionados a través de ordenadores personales y dispositivos audiovisuales para crear redes de actividades interrelacionadas. Organizaciones orientadas por este tipo de complejidad, tienen la responsabilidad social de propiciar las condiciones fundamentales para garantizar el desarrollo de la dimensión humana integral

• Desde el contexto de la cibernética, ciencia relativamente nueva, interdisciplinaria, enfocada al estudio de la información, la comunicación y el control, nos conducen a entender la complejidad de las organizaciones, a la luz de cuatro principios:

1. Los sistemas deben ser capaces de sentir, controlar y explorar aspectos significativos de su entorno.
2. Ser capaces de comunicar esta información a las normas operativas que guían el comportamiento del sistema.
3. Ser capaces de identificar las desviaciones significativas de las normas.
4. Ser capaces de iniciar las acciones correctivas cuando se identifiquen discrepancias.

Una concepción cibernética en el ámbito de la organización educativa, podría materializarse, si se satisfacen estos cuatro principios. Un proceso continuo de información se crea entre la institución y su entorno, posibilitando de esa manera, que la organización de las respuestas adecuadas a los cambios exigidos y operar de una manera inteligente y auto-reguladora, sin embargo, para que este proceso sea pertinente, se requiere que la organización desarrolle la capacidad de aprender a aprender, para cuestionarse y organizarse a sí misma.

¿Pueden de alguna manera, nuestros centros educativos aprender en forma permanente?, serán estos aprendizajes sencillos o complejos?. Es muy difícil responder a estas preguntas en un sentido abstracto, si se tiene en cuenta que la capacidad de aprendizaje, varía de una organización a otra, sin embargo, desde las dimensiones de complejidad de tales aprendizajes, trataremos de dar algunas aproximaciones a tales interrogantes.

Desarrollar habilidades para lograr aprendizajes organizacionales complejos, es muy problemático, incluso, muchas organizaciones han fracasado en sus intentos, debido al fuerte componente burocrático que las caracteriza, lo cual obstruye el proceso de aprendizaje, especialmente por la imposición de estructuras fragmentarias de pensamiento sobre los integrantes de su comunidad académica-administrativa, estimulándolos a que no piensen por ellos mismos; Jerarquías organizacionales demasiados aplanadas, pueden conllevar a sub-concentraciones de poder sobre el flujo de la información, operando muchas veces, objetivos de subgrupos, perdiéndose la perspectiva de intereses globales; pueden convertirse en sistemas que premien el éxito y castiguen el error, incitando a los empleados y estudiantes al uso de ciertas mañas de ocultamiento de la verdad en pro de beneficios particulares. En suma, hay tentaciones de decirles permanentemente a los jefes, lo que ellos quieren escuchar.

Sistemas organizacionales que fomenten este tipo de defensa, raramente son capaces de tolerar altos niveles de incertidumbres. Todos aquellas situaciones de complejidad, difíciles de digerir, se dejan de lado, o se les resta importancia, ganando tiempo para buscar soluciones de escapes, con la esperanza de minimizar o solucionar el problema; el profundo vacío entre lo que se dice y lo que se hace. Muchos directivos de organizaciones, intentan resolver los problemas, utilizando la retórica organizacional, dando la impresión de que saben más de lo que están haciendo. Este es un mecanismo de doble entrada: tratar de convencer a los demás y convencerse a sí mismo, convirtiéndose en un arma de doble filo si se tiene en cuenta que su manejo permanente hace que los directivos pierdan el verdadero sentido de la realidad.

Un aprendizaje complejo en las organizaciones, requiere que se tienda un puente real entre la teoría y la realidad, de forma que llegue a ser posible el permanente cuestionamiento argumentado de los valores y normas inmersos en las teorías en uso, a sí como aquellas que se van adhiriendo. Para llegar a desarrollar tales cualidades, se requiere:

- Fomentar y valorar la cultura de la gestión sobre la base del error y la incertidumbre, como irreductible característica de los entornos complejos y variables
- Fomentar una aproximación al análisis y solución de problemas complejos que reconozca la importancia de explorar diferentes vías y puntos de vista
- Evitar imponer estructuras de acción sobre marcos organizados, dar vía libre para que la inteligencia y la creatividad puedan surgir desde procedimientos organizacionales continuos. Cuando todo está predeterminado, la organización no supera los aprendizajes simples y lineales. El aprendizaje organizacional complejo, se fomenta mediante la participación activa en los procesos de planificación.

Desde las concepciones acerca del carácter holográfico del cerebro, es posible crear organizaciones capaces de aprender y auto-organizarse? Desde la complejidad es posible, construyendo modelos organizacionales ricos en conectividades entre las partes similares, creando sistemas que sean a la vez especializados y generalizados, capaces de reorganizar estructuras internas y funciones, que aprendan a satisfacer los desafíos en las constantes demandas. El principio holográfico tiene su gran correlato en las capacidades del cerebro distribuidas a través de las modernas organizaciones. Todos los miembros de la comunidad académica- administrativa, se caracterizan por sus cerebros complejos, entonces, porqué no aprovecharlos; porqué dejar que más de doce mil billones de neuronas especializadas, permanezcan casi sin utilizar?, los ordenadores tienen similitudes con el cerebro, por lo tanto, importantes aspectos del todo estan contenidos en las partes de la organización. El desarrollo más holográfico como formas cerebrales de organización, descansa en la realización de un potencial existente e inexplorado que se encuentra diseminado en las organizaciones educativas: estudiantes, maestros, directivos, padres de familias, solo para mencionar los estamentos fundamentales.

Para facilitar la auto-organización, miremos los principios del diseño holográfico.

- Tomar el todo en sus partes
- Crear conectividad y redundancia
- Crear simultáneamente especialización y generalización
- Crear capacidad de auto-organización (auopoiesis)

Cualquier organización con habilidades para auto-organizarse debe tener elementos de redundancia, una forma de capacidad de excedentes que use y diseñe apropiadamente, creando espacios para maniobrar. Si no se da la redundancia, el sistema pierde capacidad real de pensar y preguntarse como está trabajando y por lo tanto, hacer las modificaciones necesarias, en forma constructiva; crear la redundancia funcional, en el sentido en que los miembros sean polifuncionales y que un momento determinado, puedan sustituirse entre ellos, según las necesidades, desarrollándose complejos sistemas de cooperación en las relaciones humanas y en la producción, esto es viable, porque gracias a la formación permanente para el desarrollo de competencias y habilidades complejas, es posible promover aquellas redundantes. Tales organizaciones holográficas, avanzan hacia niveles de complejidad, en la medida en que para el funcionamiento del "todo" está el "todo" construido dentro de las partes redundantes, lo cual crea una relación totalmente nueva e innovadora entre las partes y el todo. Teniendo en cuenta que es muy difícil para cualquier organización lograr que su potencial humano se cualifique en todas las cosas, se requiere desarrollar el principio de la "variedad requerida", el cual plantea que la diversidad interna de cualquier sistema de autorregulación, debe coincidir con la variedad y complejidad de su contexto, para poder hacer frente en una forma exitosa a las demandad posibles., lo anterior indica que la redundancia debe construirse sobre la base de necesidades auténticas. La dialéctica de estos principios, encuentran su materialización con los principios de "especificación mínima crítica" y de "aprender a aprender en forma permanente, continua y sistemática"

El principio de especificación mínima crítica, busca preservar la flexibilidad, sugiriendo la especificación solo en los casos absolutamente necesarios para que una actividad particular ocurra. Para contrarrestar posibles situaciones caóticas en la ejecutoria de este principio, se requiere el acompañamiento de "aprender a aprender".

Una organización educativa, se puede considerar un sistema holográfico complejo, si su capacidad de aprendizaje igualmente complejo, está abierto a todos los tipos de aprendizajes que demanda el contexto. Dado que no estan todas las reglas predeterminadas suficientes para guiar el comportamiento, la dirección y la coherencia, debe venir de los propios miembros del equipo cuando las circunstancias del cambio lo ameriten.

Creando la realidad organizacional, desde la perspectiva de la cultura

No podemos dejar de lado que las organizaciones educativas, son minisociedades que construyen sus propios modelos culturales y simbólicos con una determinada concepción respecto a los roles que deben cumplir. Por ejemplo, una institución educativa puede verse a sí misma, como un equipo o familia que cree en el trabajo colectivo; otras se pueden ver como la mejor institución en el contexto y otras, pueden estar totalmente fragmentadas, divididas en grupos, los cuales pueden percibir el mundo desde diferentes ángulos y aspiraciones, con respecto a lo que la organización podría ser. Tales patrones de creencias y costumbres compartidos, divididos o integrados por normas operativas y rituales, pueden ejercer una influencia decisiva en la eficiencia de tales organizaciones, con respecto a los retos que les toca enfrentar.

La mayor fuerza de la metáfora cultural, reside en el mundo simbólico e incluso, mágico, de muchos de los aspectos más racionales de la vida de la organización. El hecho de mostrar que la organización educativa descansa en sistemas de significados y en esquemas compartidos que crean y recrean significados, los cuales pueden emplearse para conformar la realidad de la vida organizacional en un modo que mejora las posibilidades de la acción coordinada. Los diferentes estilos de dirección en las organizaciones mencionadas, dependen de cómo se ha definido esa realidad, situación que de igual manera, tiene que ver en la relación que se haga con el entorno, entendido éste como un proceso de representación social. La cultura corporativa descansa en capacidades o incapacidades diferenciables, las cuales como resultado de la evolución de la cultura, llegan a definir características del modo como la organización trabaja, construida sobre las actitudes tanto de sus docentes, como de los estudiantes y el resto de personal directivo y administrativo. Los directivos pueden influir en la evolución de la cultura organizacional, siempre y cuando sean conscientes de las consecuencias simbólicas de sus acciones, e intentando fomentar los valores deseados, por lo tanto, todo cambio que se propicie en la organización, implica un cambio cultural, el cual puede ser total o parcial y con una intencionalidad predeterminada.

Edgar Morin nos deja ver claramente en sus planteamientos, que cuanto más compleja es la cultura de una organización, más posibilidades tiene para hacerle frente a las incertidumbres y al desorden, ya que los individuos con sus extraordinarios potenciales, son aptos para desarrollar iniciativas respecto a los problemas sin depender de las autorizaciones de las jerarquías centralizadas. Es una manera inteligente de responder a los desafíos del mundo, es un nuevo mapa comprensivo que viabiliza el desarrollo de relaciones de solidaridad orgánica para el incremento en espiral de la complejidad.

Es una oportunidad que tiene la institución educativa, de erguir un proyecto pedagógico interaccional dialógico, transdisciplinar y autogestionario para vehiculizar la complejidad como filosofía de vida.

La institución educativa y el escenario del consumismo cultural de la juventud

En los actuales momentos, resulta muy difícil definir la condición de joven, trátese de concepciones biológicas, culturales, filosóficas, religiosas, entre otras. Es indudable, que el concepto de edad y las características que se le atribuían a cada etapa cronológica, han cambiado con el tiempo y con las variaciones de la cultura. Si bien es cierto, que Colombia tiene una gran ventaja comparativa en términos numéricos en lo relacionado con su población joven, por lo menos el 24% del total poblacional se ubica en esta categoría, sin embargo, desde el punto de vista cualitativo, es muy poco lo que sabemos de ellos, la información más aproximada, es la que nos brinda la psicología, cuando se trata de la descripción de sus características endógenas y exógenas con respecto a la personalidad.

Considerando algunos puntos de vista desde las propias concepciones de los jóvenes, podrían señalarse algunas aproximaciones sobre ésta categoría, así:

- Ser joven es no tener miedo.
- Toda posibilidad de miedo, lo que nos hace es no vivir, y no vivir es ser viejo.
- Tener derecho a equivocarse.
- No perder la capacidad de asombro ante las cosas.
- Búsqueda, esperanza, ilusión de la vida.
- Es estar despierto.

Desde la perspectiva de los mayores, se desconoce que en la población juvenil, existe un marcado deseo de exploración, experimentación y curiosidad. Existe una capacidad muy fina de sentir, de pensar con emoción con la afectividad a flor de piel.

La sensibilidad que manifiesta el joven no pertenece a una época, a un género, a una raza, a una cultura o sociedad. Ser joven hoy, no se debe entender como pertenecer a una determinada categoría de edad, ser rebelde, romántico, descuidado o irresponsable, como lo tipifican algunos. La condición tiene que ver con las potencialidades intrínsecas, la energía y vitalidad, que les permite vivir cada momento intensamente, experimentar libremente, ser una especie de camaleón, estar permanentemente expuesto al riesgo, a las vivencias intensas que reafirman su mundo intersubjetivo, su imaginario, siendo allí en estos procesos dinámicos, donde se construye la personalidad y el proyecto de vida.

La demografía tipifica al joven por su edad cronológica, por su dependencia antes de formar parte del mundo laboral. Tales conceptualizaciones son relativas porque dependen del momento histórico, de la cultura y las condiciones sociales.

El joven del siglo que trasegamos, se caracteriza por su permanente construcción de territorios y sensibilidades, en donde ponen en escena toda la riqueza de sus imaginarios, los cuales circulan en los lenguajes del consumo cultural, en los espacios urbanos, incluso, en los rurales, ya se perciben estos comportamientos, muy ligados a la contracultura que se recibe de los medios de comunicación.

Dinámica del concepto de temporabilidad. El tiempo que vive el joven moderno, es acelerado, los cambios en las generaciones anteriores, se daban muy pausados, se hablaba del cambio de una generación a otra. Hoy, la simultaneidad de acontecimientos prima en los escenarios de desenvolvimientos del joven; la validez se ha relativizado de tal manera, que las instituciones si no se ponen a tono con esta nueva cultura, tienden a desaparecer. Se cambia la durabilidad por la intensidad, ya no se trata de conservar sino de experimentar.

Relativización del concepto de novedad

La innovación ya no es una condición psicológica propia del ser humano, sino una norma de consumo, en donde todo se vuelve efímero y desechable. El concepto de duradero, forma parte de la concepción de pasado, la velocidad y lo cambiante son las premisas fundamentales de los jóvenes.

La concepción del presente en los intereses primarios de los jóvenes

El presente se manifiesta en forma compulsiva a través de las imágenes de la televisión, el internet, y la música. Es un espacio temporal que se les manifiesta lleno de información, de búsqueda de experiencias nuevas, las cuales se van perdiendo por la complejidad de la velocidad como de la intensidad de las urbes. Los cambios de ritmos, tanto del día como de la noche, se amalgaman con multiplicidad de manifestaciones grupales. El concepto clásico de grupo, también sufre sus replanteamientos con estas nuevas manifestaciones de la interacción grupal, o el porqué se asocian en determinados momentos. Para esta reinterpretación es importante considerar las siguientes situaciones:

- Relación entre tiempo y territorio.
- Relación entre velocidad y apropiación.
- Redimensionamiento de la cuadra, la esquina, el parque, el conjunto cerrado, la playa, la discoteca, etc., en cuanto a la interpretación del uso del "tiempo libre".
- Hay una recreación del nomadismo humano, el joven rara vez, puede quedarse en un sitio fijo. Es practicante de un migracionismo intenso: desplazamientos a través de los medios de comunicación, de internet, el cine, la música, los paseos, las discotecas. Son sus construcciones imaginarias, la búsqueda incesante de lugares de consumos culturales, en donde muchas veces, la droga, el alcohol y el sexo, los inducen a unas malas jugadas.

Desde estas perspectivas, el investigador Germán Muñoz, considera que debido al fuerte "contenido emocional, las culturas juveniles, son esencialmente no verbales "y, por lo tanto, sus formas de expresión más comunes son la moda, la música, las formas de caminar, los cortes de cabello, los aretes, tatuajes, formas de hablar, gestos y mecanismos de reuniones. La base social de estos comportamientos y actitudes, tienen que ver con las represiones, inconformismo, rebeldía, rechazo a la autoridad, hostilidad contra las normas disciplinarias familiares y escolares, contra los proyectos de vida que los adultos han diseñado para ellos sin pedir su opinión, contra la moral convencional y las instituciones adultas.

La movilización de las identidades

La Antropología y Sociología clásicas, han sido las ciencias que más han trabajado el tema de la identidad, y desde sus perspectivas epistemológicas y teóricas, habían definido la identidad como una característica del ser humano, fija, sólida e inmutable. Esta definición ha estado asociada directamente a los patrones culturales que cada sociedad establece para la normatividad de sus miembros, tal es el caso de los mitos, tabúes, normas, costumbres, creencias y tradiciones, que proveen la orientación necesaria para el desenvolvimiento de sus miembros. De esa manera, se podía nacer y morir como miembro de un linaje, clan, casta, sistema o tribu, que tienen como misión fijar el derrotero de toda la vida. La identidad no planteaba problemas ni a la familia, escuela y sociedad, no era asunto de discusión pública. En la modernidad, las identidades se hacen múltiples, son muy dinámicas, personales, autorreflexivas y referidas a la otredad. Los múltiples roles que las personas asumen en la sociedad de hoy, hacen relativas, y limitadas la esencialidad de las posibles identidades, las cuales se manifiestan en constante mutación. Este escenario mutante, de la identidad del ser humano y en especial del joven, debe ser muy conocido y entendido por la institución educativa, sólo de esa manera, podrá comprender la dinámica de la intersubjetividad del sujeto, algo hasta el momento, muy relativizado en los proyectos educativos institucionales, es por ello, que los diagnósticos sobre la calidad educativa, muchas veces están viciados, ya que las valoraciones suelen realizarse desde la perspectiva de las manifestaciones externas del fenómeno o desde la lógica de los intereses que subyacen en los imaginarios de los adultos, las organizaciones, el Estado y la familia, respecto a lo que supuestamente esperan de los jóvenes.

Es importante que la institución educativa al determinar los valores de los estudiantes, no lo haga desde la perspectiva de conceptos vagos e irrelevantes para su vivir cotidiano, sino en un esfuerzo continuo por encontrar significados profundos, que validen su autoidentidad y que apoyen los compromisos y responsabilidades que asume.

En medio del cúmulo de incertidumbres, dudas, y probabilidades que rodean al joven, es lógico que éste busque algunos puntos de anclaje, algunas certezas, algunos caminos que le sirvan como guía para canalizar sus energías y expectativas, mitigando así, las ansiedades que la vida y la incertidumbre le deparan. El efecto de estas situaciones se manifiesta en virtud de la individualidad, singularidad y unicidad de cada persona. Situación que la escuela y el maestro deben tener pendiente, "cada hombre es una creación única de las fuerzas de la naturaleza. Nunca hubo una persona igual a él, ni volverá a haberla." Martínez (1988). Aristóteles distinguió claramente entre los principios generales que rigen la naturaleza de todos los seres y los principios especiales de cada ser en particular, en los cuales se debe basar y a los cuales vuelve toda demostración relacionada con él.

La peculiar naturaleza humana como sistema de individualidad configurada, al lado de las otras características señaladas, hace ver que para una plena comprensión del ser humano, se requiere más de lo que una determinada ciencia, paradigma, tendencia, creencia, costumbre o norma demarcan. Es en esta consideración donde reside la complejidad, para entender en toda su magnitud la cultura mutante de la juventud contemporánea.

Las maneras en las que los jóvenes se perciben así mismos, en que se relacionan con otros, y las formas y contenidos de sus procesos de autoconciencia, son permitidos, mantenidos y reproducidos por los procesos sociales en los que se ven envueltos. La sociedad no sólo define, sino que crea la realidad psicológica del joven. Este se reconoce a sí mismo en la sociedad, reconoce su identidad en términos definidos socialmente, y estas definiciones se convierten en realidad, en la medida en que se amplía su horizonte de relaciones sociales y se concretiza su proyecto de vida personal.

16

Escenario de las relaciones afectivas-ecológicas. El saber y quehacer desde la perspectiva pedagógica

El término medio ambiente, se utiliza con torrencial profusión en diferentes contextos sociales y culturales, tal vez ello obedezca a una nueva actitud de la civilización occidental ante los descalabros que se vienen dando en la naturaleza. El uso y abuso del término, manejado por diferentes estamentos del mundo académico, político, de la opinión pública, de los medios masivos de comunicación, por entidades filantrópicas, grupos ecologistas, agencias estatales, que se abrogan desde un determinado marco legalista-populista, la protección del ambiente, mezclan y confunden los significados, olvidando que los mismos, operan en dos planos: el simbólico y el ideológico.

Desde el plano simbólico, la acepción ambiente, se utiliza con distintas vocaciones desde las perspectivas disciplinares; tal es el caso de los ecólogos, sociólogos, urbanistas, médicos, ingenieros, filósofos, docentes, entre otros. El ambiente como signo, apunta a diferentes objetos, situaciones primarias o secundarias, por ejemplo: la expresión, "el ambiente de ésta vivienda es agradable para la tranquilidad del espíritu", tiene connotaciones diferentes a la expresión, la "delincuencia juvenil, es producto del deterioro del ambiente familiar".

La interpretación ideológica, es igualmente complicada y confusa, por un lado, está la concepción trabajada desde el espíritu de la ciencia, y por el otro lado, el mundo de las construcciones doxas, del deber ser, de la opinión que interpreta el mundo voluntaria, empírica e irracionalmente.

Es imprescindible desde la escuela, tratar en primera instancia, retrabajar esta babel conceptual, para poder orientar las acciones de los proyectos pedagógicos, sean estos generales o de aula. Términos como realidad, espacio, hábitat, entorno, territorio, vecinos, fronteras, paisaje, mundo, naturaleza, biosfera, ambiente, ecología, biodiversidad, entre otros, que obedecen a las construcciones científicas y populares, deben ser estudiados en su contexto histórico, cultural, social y semántico, para poder de alguna manera, desenredar la madeja conceptual.

Desarrollado este primer paso, vienen las preguntas: ¿Qué es la educación ambiental; qué fines persigue; para qué debe asumirla la escuela; cómo debe incorporarse a la vida académica, y personal de sus actores, y de la comunidad en general?

Desde el punto de vista histórico, el término medio ambiente, lo utilizó por primera vez Etienne Geoffroy Saint- Hilaire en 1835. Para referirse a lo que rodea a una cosa que está en el centro, es decir, el entorno de los objetos o los seres vivos, en una relación de dependencia. Augusto Comte, desarrolla una concepción de vida, en el sentido en que para que se dé ésta, se requieren como mínimo, dos condiciones:

a.   Un organismo apropiado y,

b.   Un medio ambiente conveniente.

De la acción recíproca entre estas dos condiciones, resultan inevitablemente los fenómenos vitales.

Considerando de manera global el medio, reconocemos que éste comprende múltiples factores entre los cuales están los de orden físico, económico, cultural, social, políticos, ideológicos, científicos y tecnológicos.

Es importante reconocer críticamente desde los escenarios pedagógicos, la existencia de un conjunto de culturas poderosas, que forman las llamadas "civilizaciones hiperindustrializadas", adueñadas de las riquezas del mundo, el poder político, económico, de los centros urbanos decisorios, de los medios de comunicación, de los recursos naturales, las máquinas, los ordenadores, la energía atómica, la producción comercial. Tales formaciones superiores son los epicentros de la contaminación planetaria. Ante su poder devastador se hunden los ecosistemas y peligra la vida en la tierra.

Una educación ambiental orientada hacia el futuro, debe involucrar los efectos de una tecnología adecuada y de un orden económico racional en equilibrio con la naturaleza.

Por tal razón sería importante desde la escuela, liderar algunos procesos de reflexión que permitan avanzar hacia una concepción y práctica pedagógica de la dimensión ambiental, apuntalada por lo menos de los siguientes aspectos:

a.   *Cognoscitivos.* Desde esta perspectiva, se plantea la necesidad de orientar procesos de conocimientos ambientales y capacidades de raciocinio que le permitan al estudiante proyectarse en forma dinámica hacia su entorno, para viabilizar la socialización en torno al análisis y resolución de los problemas de diversas índole que afectan al ambiente.

b.   *Axiológicos.* Se fundamenta este aspecto, en los procesos de formación de una conciencia crítica, que permita la creación o modificación de modelos valorativos y actitudinales del estudiante, a través de los cuales sea posible identificar y tomar posturas ante los factores perturbadores del equilibrio ambiental.

c.   *Aplicativos.* Desarrollo de habilidades y destrezas para la concertación y liderazgo de prácticas colectivas sistemáticas y permanentes, que desde la escuela, preserven, mejoren o restituyan la calidad de vida en la comunidad, propiciando la conciliación de las exigencias del desarrollo económico con los ritmos biológicos de los ecosistemas circundantes.

La educación ambiental en su concepción estricta, no puede de ninguna manera, sustituir la educación general, ni crear una isla con sus propias normatividades. Debe tener un objetivo claramente definido: La comprensión holística del sistema de la naturaleza, del sistema social, cultural económico, político, mínimamente del país, tratando la realidad como un todo. No se trata de armar desde la escuela un currículo asignaturista, donde la educación ecológica sea una asignatura más.

Es importante afianzar en la conciencia de estudiantes, docentes y directivos, la concepción de que no puede haber armonía entre el sistema social y el sistema de la naturaleza si previamente no se han establecido las relaciones armónicas y racionales entre los seres humanos. Este es el principio fundamental en que se afianza la verdadera educación ecológica y que conllevaría a la consecución de la verdadera paz.

La comprensión del ser de las cosas debe habilitar, por lo tanto, para decidir el deber ser de quienes las fabrican o manejan. La educación científica es importante pero se transforma en un hecho banal si se despoja de la orientación hacia la realización de los mejores ideales y valores humanos. Expresada en el desarme total, democracia participativa, convivencia pacífica en la libertad, equidad y justicia social para todos.

Los proyectos pedagógicos holísticos de la dimensión ambiental, deben reconocer por lo menos dos antecedentes:

a. El papel de los referentes teóricos y prácticos de la educación nueva, la cual propone aprender del mundo, vinculando activamente la institución escolar con el medio escolar, social y humano, en lugar de aprender memorísticamente cosas sobre el mundo en el salón de clases.

b. La concepción y operatividad de las metodologías pedagógicas integradas e integradoras, porque cifran la construcción de conocimientos y el desarrollo de actitudes, en la comprensión global de la realidad circundante, lo cual supone la solidaridad del orbe de estudios, con el trabajo académico y extra académico y su sistémica, interaccional y dialógica articulación al currículo, con los problemas concretos de las comunidades donde se asienta la institución educativa. Esta sería una verdadera demostración de la articulación teoría- práctica y viceversa, para inducir el conocimiento del mundo a partir de la localidad, en vez de intentar conocerlo en forma abstracta desde los textos guías que generalmente se imponen al estudiante.

Entendida de ésta manera, la educación ambiental, se define más allá de una simple moda curricular que desde hace varias décadas han invadido decadentemente la enseñanza como un signo inequívoco de la desorientación existente en el ámbito de la cultura educativa.

Lo importante de esta propuesta paradigmática de educación ambiental integral e integradora, es su continuo transitar por la esfera de los valores. No es necesario acudir a una teoría axiológica, sino a una práctica social, cultural, pedagógica, afectiva, política y económica, que desde la escuela armonice el proceso histórico de desarrollo del estudiante, su intersubjetividad con su proyecto de vida y las exigencias de un entorno cada vez más cambiante y competitivo. El mundo que rodea a la institución educativa, no es una abstracción sino que está construido por la convergencia de ambientes concretos, donde se relacionan dialécticamente los ambientes naturales y tecnológicos, con los dispositivos culturales y sociales, mediante el proceso de la producción y reproducción humana. De este modo, la educación ambiental no debe limitarse a la contemplación del orden natural, debe de alguna manera, involucrar todas las edades y estratos sociales, recuperando sistemáticamente, la antepasada vinculación entre el homo habilis y el homo sapiens, (memoria histórica), como también, la concepción y experiencia de nuestros ancestros, los indígenas, y la prospectiva del desarrollo científico y tecnológico, (integralidad). El objetivo de este proceso sería elevar el nivel de vida en las comunidades, mediante los proyectos concertados de autogestión colectiva (creatividad). En última instancia, de llevarse a la práctica este paradigma de educación ambiental, liderado desde la escuela, por la escuela y para la comunidad, propiciaría la ruptura de los muros de contención entre los aspectos formales y no formales del acto pedagógico.

Escenario pedagógico de la prevención y el respeto hacia sí mismo

La crisis del comportamiento humano, nos induce a reflexionar conceptual y actitudinalmente, en un plano hasta ahora exclusivo de las ciencias médicas y biológicas como lo es el de la prevención y promoción de estilos de vida saludables desde una concepción integral, hoy en día es común escuchar expresiones como, "cultura cívica", "cultura ciudadana," "cultura política," "cultura de la prevención, entre otras." Desde este punto de vista, creemos fundamental, presentar una conceptualización sobre la cultura, que de alguna manera, nos sirva de norte para el desarrollo de la temática en mención.

La cultura la podemos ver como una red compleja y cambiante de relaciones interactuantes entre cuatro aspectos, ellos son: el entorno, las necesidades humanas, los hechos sociales, los conocimientos y los saberes elaborados desde el acontecer histórico de un pueblo. Esta red de relaciones se evidencia en tres grandes ejes o categorías: el trabajo, la socialización y la comunicación, que las expresan dándole identidad a cada cultura, conforme a ciertos intereses y finalidades.

El entorno hace referencia al contexto que rodea al individuo, sea éste geográfico, social, afectivo, familiar, cultural y que marca su proceso de socialización. En este sentido, el entorno, conlleva un espacio, y cúmulo de transformaciones provocadas por la acción humana, delimitadas y ejecutadas en el tiempo para efecto de garantizar la existencia.

Las necesidades humanas, las entendemos desde la perspectiva de Manfred Max Neff, cuando dice que éstas revelan el ser de las personas, las cuales se hacen palpables en una doble condición: como carencia y como potencialidad. Las necesidades patentizan, continúa el autor, la tensión constante entre carencia y potencia tan propia de los seres humanos.

Entender la necesidad como carencia, es reducirla mecánicamente, al simple acto fisiológico primario, contexto donde cobra gran fuerza, al manifestarse como falta de algo, sin embargo, si las necesidades comprometen las actitudes, motivaciones, expectativas e intereses de las personas se transforman en potencialidades, incluso, en recursos para su satisfacción.

Los hechos sociales. Son las formas como las personas establecen en concordancia consigo mismas, relaciones con sus semejantes y entre sí, dándole orden y coherencia a su presente y futuro.

Los conocimientos y saberes. Los primeros se refieren a las elaboraciones conceptuales, resultado de las explicaciones que la humanidad ha buscado en torno a los fenómenos naturales y sociales del mundo. Por lo tanto, los conocimientos se encuentran en el ámbito de las teorías de las diversas ciencias, los cuales pueden ser probados y debatidos de acuerdo a los intereses que se persigan. Los saberes se desarrollan en el plano de la experiencia que los seres humanos logran con los objetos, artefactos, y fenómenos en su vida cotidiana, legitimados por acuerdo social. De esta manera, los saberes son los que permiten a los individuos de una cultura desenvolverse de acuerdo a ella de manera apropiada, en circunstancias particulares.

Las formas como cada cultura en particular concibe el mundo, es decir, su cosmovisión, y por otra, como enfrenta su realidad mediante el trabajo, las instituciones, las normatividades, la comunicación y la socialización, se derivan del conjunto de conocimientos y saberes que cada una construye y sistematiza.

Por último, quiero referirme a dos categorías de la cultura que me parecen fundamentales en el contexto de la prevención como saber y quehacer pedagógico, en el ámbito de la institución educativa, se trata de la socialización y la comunicación. La primera, mediatiza los procesos de adueñamiento e incorporación de los valores culturales, aceptar, interiorizar, expresar, manifestar y criticar los roles y principios orientadores de la misma para que esta persista.

En el caso de la comunicación, identificamos el lenguaje que surge de la capacidad humana y de la vida real, de los intereses, finalidades y necesidades de la interacción social. Como expresión del pensamiento comprende no solamente la lengua, sino también los gestos, símbolos, signos, movimientos corporales y las distintas expresiones del arte. Vista así la comunicación, se convierte en una categoría diferenciadora de la cultura y un elemento de conservación y afianzamiento de la identidad, en la medida en que recoge y transmite toda la construcción cultural material e inmaterial de un pueblo.

Tanto la lengua como las otras formas de comunicación, explicitan la existencia de los símbolos y significaciones, imprimiéndole a la cultura características propias y en muchos casos exclusivas. Tales características se hacen evidentes en los diferentes espacios vitales: en las prácticas educativas, en el trabajo, en los rituales, en las formas de socialización, correspondiéndose con el manejo de códigos precisos y de consenso social, porque son ellos los que actúan como ordenadores, legitimando las organizaciones sociales y las concepciones colectivas del entorno social.

Es evidente que del modo en que se concibe, interpreta y explica la vida cotidiana, se deriva de manera más o menos directa una forma típica de actuación, de allí el porqué no se deben separar los modelos de comprensión de los modelos de intervención, que cada institución educativa construye colectivamente y pone a disposición de la comunidad en general a través de procedimientos sistematizados, contemplados en su P.E.I. Estas caracterizaciones reflejan los rasgos sobresalientes del modo de ser cultural de la institución.

Proyecto estratégico dialógico de prevención, desde el espacio interescolar

Pensar en la estructuración y puesta en marcha de un proyecto estratégico dialógico de prevención, implica comprometer la institución en recrear con sus actores, una concepción de vida más allá de la clásica biológica, que intente romper la monofonía del mundo de la vida, desprovisto de sentimientos de solidaridad y mutualidad. La plenitud y la riqueza vital que se advierten en la diversidad cultural, social y biológica, se convierten desde este punto de vista, en obstáculos para el crecimiento personal, social e institucional. Por esto se hace necesario, desde el currículo escolar, contar con diferentes opciones y manifestaciones de vida, entendidas éstas, como multiplicidad de posturas que el estudiante y el docente, deben desarrollar frente a sus cuerpos, sexualidad, su vida, costumbres, el cosmos, y en general, todo lo que les rodea.

Es necesario que la institución educativa, conozca al estudiante en su verdadera dimensión humana, éste, no es una cosa, una cosa es predecible, el ser humano no, una cosa no puede crear, el estudiante como persona humana, tiene las potencialidades para crear e innovar en forma permanente.

Si la escuela desea conocer este plano del estudiante, no se puede concebir ni estudiar en un plano bilateral, utilizando el mismo método del que se valen las ciencias naturales para crear conocimientos. Sólo en la medida en que la institución y sus inmediatos dinamizadores los maestros, se compenetren con el estudiante, en un profundo deseo e interés por conocerlo, podrán saber verdaderamente algo el uno del otro.

Para crear una verdadera política de prevención y desarrollo humano al interior de las instituciones educativas, es importante tener en cuenta los siguientes aspectos:

- Superar la cosidad, o el concepto de cosa referido a nosotros mismos y a los demás.
- Superar nuestra indiferencia, nuestra alienación de otros, de la naturaleza y de nosotros mismos.
- Alcanzar y propiciar en los estudiantes el sentimiento de alcanzamiento del sentido de "yoidad", de ser propio, de una experiencia del "yo soy" antes que dejarse sucumbir por el sentimiento de automatismo.
- Percatarse verdaderamente de lo que una persona es, de lo que el estudiante es y es capaz de responder.
- Percibir al estudiante en el acto de relacionarse en vez, de verlo como un objeto, percibirlo de ser humano a ser humano, en un acto de empatía y de amor.
- Evitar hasta donde sea posible que un proceso acelerado de incorporación de la tecnología al quehacer pedagógico, despersonalice la función psicosocial de la docencia.

Desde esta perspectiva, conocer al estudiante, significa superar las deformaciones que tenemos acerca de él. Conocerse el maestro así mismo para poder trascender la barrera de la subjetividad en relación con el conocimiento del otro, implica superar las ilusiones que se han elaborado en el curso de la historia personal. Como seres humanos, tanto el docente como el estudiante, se enredan en fantasías de ser omnipotentes.

La meta completa de una política de esta naturaleza, debe ser el conocimiento y desarrollo cabal y completo del ser humano: El estudiante desde el enfoque de finitud del docente y directivo de la institución, sólo para referirnos a estos miembros de la comunidad educativa.

El fortalecimiento del autorreconocimiento y de la autoestima en los estudiantes, de alguna manera son condiciones fundamentales, para contrarrestar en parte, situaciones peligrosas para el estatu quo humano, tales como la drogadicción, pandillismo, cultura del ocio, alcoholismo, tabaquismo, individualismo, violencia, en todas sus manifestaciones, entre otras. Con esto no dejamos de reconocer la concurrencia de muchos otros aspectos que tienen que ver con el vertiginoso deterioro humano, que se identifica en el siglo que trasegamos. Creemos, que una política de desarrollo integral de la condición humana, impulsada desde la institución educativa, en cualquiera de sus niveles, y desarrollada en forma sistemática y permanente, puede contribuir como propósito preventivo, en la verdadera formación integral.

Reflexiones finales

Finalizaremos esta obra, refiriéndonos a algunos temas que por su naturaleza son más del tenor de la psicopedagogía, sin embargo, queriendo una vez más resaltar el carácter humanístico de la educación, considero fundamental referenciarlos. Se trata de los temas de la motivación y las emociones y si éstas, de alguna manera, son tenidas en cuenta al momento de concebir y planear el acto educativo.

Con el abordaje de estos temas, buscamos contribuir al debate, relacionado con la pregunta: ¿Existe algún tipo de dicotomía entre la vida intrasíquica del estudiante y los imaginarios que construye la institución educativa, para orientar la formación integral de los mismos?

Reconocemos el carácter multicausal concomitante en el supuesto, sin embargo, por razones estrictamente metodológicas, abordaremos dos categorías que tienen una fuerte presencia en el fenómeno.

Las emociones las entendemos a partir de la conceptualización trabajada por Fernando González Rey (1997 – pág. 95), en los siguientes términos:

> *Son las respuestas dinámicas más elementales del hombre, las cuales aparecen de manera inmediata en su acción, de acuerdo con las formas en que afectan sus diferentes necesidades, proceso del que el sujeto frecuentemente no tiene conciencia, sin embargo, la reiteración y extensión de un tipo particular de emociones en la actividad del sujeto puede conducir a la constitución de un estado dinámico que representa una unidad de sentido productiva de emociones específicas que anticipan la propia acción humana.*

Precisamente, es el principio de estado dinámico de las emociones, la fuente de la inseguridad, autoestima, agresividad, autoconciencia, autorregulación, empatía, habilidades sociales, entre otras. Estas características en el ser humano, vienen siendo centro de interés de muchas investigaciones relacionadas con el estudio de la personalidad desde una perspectiva humanística, la cual tiene como objetivo, aclarar el papel de la estructura de las potencialidades de los seres humanos, en el acto de entender y canalizar las emociones propias y las de otros.

Tales trabajos, nos llevan a otra pregunta de reflexión; ¿desde qué perspectiva debe orientar el docente su saber y quehacer pedagógico, para entender la dinámica intrasíquica de los estudiantes?

Algunos investigadores como Daniel Goleman, buscan profundizar en el principio del estado dinámico de las emociones, desde el concepto de "inteligencia emocional", aplicado al entendimiento de las personalidades líderes y proceso productivos, en las organizaciones donde interactúan, asignándole un lugar privilegiado a los sentimientos.

Propongo que el tema de los sentimientos, motivaciones y emociones sea descendido a los espacios académicos, a los intramuros de los salones de clases, al ámbito de la planeación estratégica, que permea la actividad de las instituciones educativas, a la comunidad educativa en general, contextualizados en los escenarios de desarrollo y en los estilos de aprendizajes que estos demandan.

Siguiendo a González Rey, quien manifiesta que los estados dinámicos no son realidades fijas y estáticas, que se expresan como rasgos de la personalidad, integrándose en formaciones de sentido más abarcadoras y complejas como las configuraciones, entendidas éstas, como una unidad funcional de lo afectivo cognitivo, nos permite pensar, que hoy más que nunca, es necesario coherenciar el objeto de conocimiento de la psicología con el de la pedagogía, sin que la una y la otra, lleguen a perder su especificidad, para que los docentes, padres de familia y comunidad en general, puedan entender por lo menos, en sus rasgos generales, la intersubjetividad de los estudiantes, reorientando de esa manera, el proceso de formación integral. La construcción de la identidad humana, actividad inmersa en la historia personal del sujeto, por razones del dinamismo social, se encuentra muy amenazada, por lo tanto, el concepto se ha vuelto muy dinámico y volátil, esto induce a las instituciones educativas, realizar permanentes revisiones en los patrones culturales académicos, administrativos y de relaciones sociales.

Goleman, en sus investigaciones sobre el tema que nos ocupa, resalta cinco características que estructuran el concepto de inteligencia emocional, así:

- *Autoconciencia.* Es el entendimiento que cada persona tiene de sus valores y metas, emociones, fortalezas, necesidades e impulsos. Esta característica en las personas, les permite saber hacia dónde se dirigen, por qué y para qué.
- *Autorregulación.* Es una habilidad que permite controlar y redirigir los impulsos y estados de ánimo. Pensar con detenimiento antes de actuar para no hacer juicios precipitados. En los tiempos actuales, de cambios y olas innovadoras desde todo punto de vista, se convierte en una cualidad humana que se impone, ella, fortalece la integridad y la autodeterminación.

- *Motivación.* Habilidad relacionada con el grado de interés y decisión para desarrollar actividades conducentes al logro de metas preestablecidas con energía y persistencia. Es una característica ligada fuertemente a la anterior, hay que considerarla como una forma histórica social de construcción de la vida psíquica y se produce en las diferentes actividades y formas de interacción del sujeto, las que una vez constituidas en él, mediatizan todo el proceso de transformación social en que participa activamente el individuo.

  Tal situación, nos lleva a reconocer el papel protagónico de la escuela en la formación y manifestación de las mismas.

- *Empatía.* Habilidad para comprender los estados y manifestaciones emocionales de los demás. Esta característica es fundamental en los procesos interactivos conducentes a la formación de equipos de trabajo, espacio enriquecedor en la socialización del individuo. Lograr desarrollar esta cualidad, implica llegar al entendimiento del lenguaje corporal, pasar de la apariencia a la esencia en la comunicación, en un profundo entendimiento y reconocimiento de la existencia de las diferencias individuales, diferencias étnicas y culturales.
- *Habilidades sociales.* Capacidad para desarrollar procesos interactivos, lo cual permite la construcción de círculos de amistades muy amplios y heterogéneos. Podríamos afirmar que ésta característica encuentra en la empatía, su espacio de reconocimiento y desarrollo.

Como podemos observar a lo largo de la obra, el proceso de construcción de la personalidad ni es tan simple ni puede ser concebido de forma lineal y mecánica, ni en la sociedad ni en la institución educativa. La escuela tiene una responsabilidad histórica que no le es exclusiva, cual es la de trabajar por contribuir a la creación de condiciones suficientes y favorables para la formación integral de las sucesivas generaciones que por ella transitan y de esa manera, sin dejar pasar por alto, la dialéctica de las condiciones materiales e inmateriales que componen el complejo y conflictivo tejido social.

El delicado equilibrio de la convivencia en las sociedades que conocemos a lo largo de la historia, requiere tanto de la conservación como del cambio, lo mismo sucede con el frágil equilibrio social de la institución educativa, los grupos sociales y el ser humano.

Al interior de este complejo y dialéctico proceso de socialización que desarrolla la escuela en las sociedades contemporáneas, es necesario profundizar el análisis para comprender con mayor claridad, qué objetivos persigue el proceso, qué tendencias, enfoques, criterios y mecanismos son necesarios articular en el proceso teórico práctico, para determinar:

> *el grado de participación y dominio de los propios alumnos (as) sobre el proceso de trabajo y los modos de convivencia, de manera, que pueda llegarse a comprender el grado de alienación o autonomía de los estudiantes respecto a sus propios procesos de producción e intercambio en el ámbito escolar. Sólo así podrán entenderse los conocimientos, capacidades, disposiciones y pautas de conducta que desarrollan los estudiantes como recursos más adecuados para resolver con relativo éxito los problemas que plantea la interacción y el intercambio real y simbólico en el escenario de relaciones sociales que constituye el grupo del aula y la estructura social del centro educativo.*

Sacristán Gimeno (1995 págs. 24 -25).

Por último, sintetizamos, que la escuela como cualquier organización del conocimiento, está estructurada sobre la base de contradicciones, intereses y motivaciones enfrentadas, pero que de igual manera, existen espacios de relativa autonomía que pueden utilizarse bajo formas negociadas y consensuadas, para el proceso de socialización.

Los nuevos escenarios de desarrollo, en el ámbito de la globalización, la terciarización de la economía y las comunicaciones interactivas, empieza a presentar múltiples aristas a los tradicionales procesos de socialización formal llevados a cabo en la institución educativa. De alguna manera, se están presentando profundas fisuras entre las relaciones sociales en el aula y las que se producen en el mundo de las organizaciones productivas y de servicios, en igual proceso de resquebrajabramiento se encuentran las seudo formas de participación democrática, lo cual de alguna manera, acentúa la contradicción apariencias formales y realidades prácticas, en el proceso de socialización escolar, bajo el eslogan estereotipado de igualdad de oportunidades para todos, cuando los centros educativos en países capitalistas, no son comunes para todos. Tal situación, propicia sistemas de clasificación diferenciada para los alumnos en el mundo del trabajo y de la participación social.

La función educativa, inmersa en este mundo de tensiones dialécticas, reiteramos, tiene que ofrecer las condiciones y espacios adecuados para llevar a cabo objetivos comprensivos, en donde la educación sea un acto continuo de construcción y reconstrucción de experiencias, basadas en el respeto, diálogo, el contraste, diferencias individuales, proyectos solidarios y amor, mucho amor.

Desde esta perspectiva, los escenarios pedagógicos de las sociedades contemporáneas, deben dinamizarse a través de estilos de aprendizajes interactivos, dialógicos e interdisciplinarios, en donde directivos, docentes y estudiantes en general, construyan sinérgicamente, su historia individual y colectiva, en ambientes de permanente formación. La función educativa de la escuela, en su vertiente desarrolladora, está llamada a provocar la construcción crítica del pensamiento y la acción, a promover experiencias verdaderamente democráticas, lo cual contribuirá a aprender a sentir y vivir democrática y equitativamente en la sociedad; a construir y respetar el delicado equilibrio entre las esferas de los intereses y necesidades individuales y las colectivas. Estas serán de alguna manera, los estilos de pensamiento, aprendizajes y las mediaciones pedagógicas, que podrían contrarrestar los nefastos impactos de las olas tecnológicas y los adelantos científicos, si estos se globalizan sin ningún sentimiento humanista. Lo que está en juego es la dimensión humana y como herencia histórica, construida por la interacción social del ser humano, no puede ser destruida.

Bibliografía

BLANCHARD, Ken. *Empowerment*. Editorial Norma. Barcelona. 1997.

CORREA, De Molina Cecilia. *Administración estratégica y calidad integral en las instituciones educativas*. Cooperativa Editorial Magisterio. Santafé de Bogotá. 1997.

CORREA, De Molina Cecilia. *Antropología y sociedad*. Editorial Grafimpresos Donado, Barranquilla, Colombia. 1996.

CASTORINA, José Antonio y otros. Piaget, Vigotsky: *Contribuciones para replantear el debate*. Edit. Paidós. Buenos Aires. 1996.

DELORS, Jacques. *La educación encierra un tesoro*. Santillana. Ediciones UNESCO. España. 1996.

DRUCKER, Peter. *La gerencia para el futuro*. Editorial Norma. Barcelona, 1993.

DRUCKER, Peter. *El líder del futuro*. Ediciones Deusto S.A. Santafé de Bogotá, Colombia. 1997.

DRUCKER, Peter. *Las nuevas realidades*. Editorial Hermes. Barcelona. 1989.

FURTER, Pierre. *Educación y vida*. Editorial Magisterio del Río de la Plata. Buenos Aires. 1996.

GARCÍA, Lisardo y otros. *Autoperfeccionamiento docente y creatividad*. Editorial Pueblo y Educación. Habana, Cuba. 1996.

GOLEMAN, Daniel. *La inteligencia emocional*. Javier Vergara, Editor. Buenos Aires, Madrid. 1996.

GRUNDY, Shirley. *Producto o práxis del curriculum*. Ediciones Morata, Madrid, España. 1994.

GONZÁLEZ, Rey Fernando. *Comunicación, personalidad y desarrollo*. Editorial Pueblo y Educación. Habana, Cuba, 1995.

______________. *Epistemología cualitativa y subjetividad*. Editorial Pueblo y Educación. Habana, Cuba. 1997.

______________. *Comunicación educativa*. Editorial Pueblo y Educación. Habana, Cuba. 1995.

______________. *Psicología de la personalidad*. Editorial Pueblo y Educación. Habana, Cuba. 1990.

GIMENO, Bayón Ana. *Comprendiendo cómo somos. Dimensiones de la personalidad*. Editorial Desclée de Brouwer S.A. Bilbao, España. 1996.

GINEBRA, Joan. *El liderazgo en acción*. Serie cuatro tomos. Editorial Mc. Graw-Hill. Santafé de Bogotá, Colombia. 1996.

LARROSA, Jorge. *Escuela, poder y subjetivación*. Ediciones de La Piqueta. Madrid, España. 1995.

MELICH, Joan Carles. *Del extraño al cómplice: la educación en la vida cotidiana*. Editorial Anthropos, Barcelona, España. 1997.

MARTÍNEZ, Miguel. *Comportamiento humano*. Editorial Trillas. México, 1989.

___________. *La psicología humanista: fundamentación epistemológica, estructura y método*. Editorial Trillas. México. 1988.

MATURANA, Humberto. *El sentido de lo humano*. Dolmen, Ediciones. Chile, 1996.

NEEF, Max Manfred y otros. *Desarrollo a escala humana, una opción para el futuro*. Proyecto 20 Editores. Medellín, Colombia. 1997.

NOVAK, Joseph y otros. *Aprendiendo a aprender*. Martínez Roca, Editores. Barcelona, 1988.

NOT, Louis. *La enseñanza dialogante*. Editorial Herder. Barcelona, España. 1992.

PORLAN, Rafael. *Constructivismo y escuela*. Serie Fundamentos, No. 4, Colección Investigación y Enseñanza. Diada, Editores. Sevilla, España. 1997.

SACRISTÁN, Gimeno. *Comprender y transformar la enseñanza*. Ediciones Morata, Madrid, España. 1995.

SORIN, Mónica. *Creatividad*. Editorial, Labor S.A. Barcelona, España. 1992.

SENGE, Peter. *La quinta disciplina*. Editorial Granica. Buenos Aires. 1990.

VASCO, Montoya Eloisa. *Maestros, alumnos y saberes*. Cooperativa Editorial Magisterio. Santafé de Bogotá, Colombia.

VIDART, Daniel. *Filosofía ambiental, epistemología, praxiología y didáctica.* Editorial Nueva América. Bogotá, Colombia.

VALERA, Orlando Alfonso. *Problemas actuales de la pedagogía y la psicología pedagógica.* Editorial EDITEMAS AVAC. Santafé de Bogotá. 1998.

NEEF, Max Manfred y otros. *Desarrollo a escala humana, una opción para el futuro.* Proyecto 20 Editores. Medellín, Colombia. 1997.

NOVAK, Joseph y otros. *Aprendiendo a aprender.* Martínez Roca, Editores. Barcelona, 1988.

NOT, Louis. *La enseñanza dialogante.* Editorial Herder. Barcelona, España. 1992.

PORLAN, Rafael. *Constructivismo y escuela.* Serie Fundamentos, No. 4, Colección Investigación y Enseñanza. Diada, Editores. Sevilla, España. 1997.

SACRISTÁN, Gimeno. *Comprender y transformar la enseñanza.* Ediciones Morata, Madrid, España. 1995.

SORIN, Mónica. *Creatividad.* Editorial, Labor S.A. Barcelona, España. 1992.

SENGE, Peter. *La quinta disciplina.* Editorial Granica. Buenos Aires. 1990.

VASCO, Montoya Eloisa. *Maestros, alumnos y saberes.* Cooperativa Editorial Magisterio. Santafé de Bogotá, Colombia.

VIDART, Daniel. *Filosofía ambiental, epistemología, praxiología y didáctica.* Editorial Nueva América. Bogotá, Colombia.

VALERA, Orlando Alfonso. *Problemas actuales de la pedagogía y la psicología pedagógica.* Editorial EDITEMAS AVAC. Santafé de Bogotá. 1998.

__________. *La psicología humanista: fundamentación epistemológica, estructura y método*. Editorial Trillas. México. 1988.

MATURANA, Humberto. *El sentido de lo humano*. Dolmen, Ediciones. Chile, 1996.

NEEF, Max Manfred y otros. *Desarrollo a escala humana, una opción para el futuro*. Proyecto 20 Editores. Medellín, Colombia. 1997.

NOVAK, Joseph y otros. *Aprendiendo a aprender*. Martínez Roca, Editores. Barcelona, 1988.

NOT, Louis. *La enseñanza dialogante*. Editorial Herder. Barcelona, España. 1992.

PORLAN, Rafael. *Constructivismo y escuela*. Serie Fundamentos, No. 4, Colección Investigación y Enseñanza. Diada, Editores. Sevilla, España. 1997.

SACRISTÁN, Gimeno. *Comprender y transformar la enseñanza*. Ediciones Morata, Madrid, España. 1995.

SORIN, Mónica. *Creatividad*. Editorial, Labor S.A. Barcelona, España. 1992.

SENGE, Peter. *La quinta disciplina*. Editorial Granica. Buenos Aires. 1990.

VASCO, Montoya Eloisa. *Maestros, alumnos y saberes*. Cooperativa Editorial Magisterio. Santafé de Bogotá, Colombia.

VIDART, Daniel. *Filosofía ambiental, epistemología, praxiología y didáctica*. Editorial Nueva América. Bogotá, Colombia.

La autora

Cecilia Correa de Molina, Oriunda de Magangué. Departamento de Bolívar.
Socióloga. Universidad Autónoma del Caribe; primera promoción, 1974.
Licenciada en Ciencias de la Educación, Especialidad Psicopedagogía, Corporación Universitaria de la Costa, 1977.
Especialista en Investigación Social. PIIE- ICFES- UNIVERSIDAD DE CARTAGENA.1985

Magíster en Administración y Supervisión Educativa, Universidad Externado de Colombia, 1986.

Candidata a Doctora en Ciencias de la Educación, Universidad Pedagógica, "Enrique José Varona", Habana, Cuba.

Más de 20 años ejerciendo la docencia en los diferentes niveles educativos, desde preescolar hasta Postgrado. 15 años dedicados a la investigación social humana y educativa. Docente en las siguientes cátedras: Socioantropología y Psicología Social, en los Programas de Medicina, Odontología, Fonoaudiología, Bacteriología y Psicología, en la Universidad Metropolitana. Docente en el Postgrado de Administración y Supervisión Educativa, Universidad Externado de Colombia- CUC. Docente en los Postgrados de Psicología Clínica y Docencia Universitaria, Universidad Metropolitana. Docente en la Maestría en Docencia e Investigación Universitaria, Universidad Autónoma del Caribe. Docente en la Especialización Comunicación para el Desarrollo Regional, Universidad Autónoma del Caribe.

Directora Centro de Investigaciones, Universidad Autónoma del Caribe y Universidad Metropolitana. Coordinadora del Departamento de Investigación, Programa de Psicología, Universidad Metropolitana.

Directora Subsistema Institucional de Investigaciones. SIDI. Universidad Metropolitana. Coordinadora de la Especialización en Modelos, Tipos y Diseños de Investigación. Universidad Metropolitana

Exdecana Facultad de Estudios de Postgrado, Universidad Autónoma del Caribe. Exdirectora Especialización, Estudios de la Cultura del Caribe, Universidad Autónoma del Caribe.

Directora Propietaria Instituto San Pedro Claver, Barranquilla.

Colección Gestión

••

Manual de Gestión y Administración Educativa
Cómo gestionar, legalizar, liderar,
y administrar una Institución Educativa
Hemel Santiago Peinado
José Hobber Rodríguez S.

Gestión, administración estratégica y calidad
integral en las instituciones educativas.
Cecilia Correa

Aprender y enseñar en el siglo XXI.
Cecilia Correa

Gestión y evaluación de la calidad
en la educación.
Referentes generales para la acreditación.
Cecilia Correa Molina.

Gestión educativa en la sociedad
del conocimiento.
Juan Manuel Rojas Quiñones

Organizaciones escolares inteligentes.
Yecid Puentes Osma

www.ingramcontent.com/pod-product-compliance
Lightning Source LLC
Chambersburg PA
CBHW060114120726
48003CB00009B/2635